都忘れの京語り

横井 清

Yokoi Kiyoshi

10

ノアコレクション

編集工房ノア

復刊によせて

原題『花橘をうゑてこそ――京・隠喩息づく都』は、夫・横井清が一九九三年に著した花にまつわる随筆です。

故郷京都の歴史と自分史とを重ね合わせ、季節ごとの木や花に事寄せて細やかに描写しようとしたもので、横井としては異例の京都論ともいえました。

ところが、九九年になっていくらか取り寄せたいと出版元に連絡しましたところ、もう残部はないと告げられました。すでに断裁されたというのです。それを知ったときの私どもの無念な気持ちはどう表現すればいいのでしょうか。

終の地として備中の農村に移り住み十数年を経た二〇一九年四月。横井は悪性腹膜中皮腫という珍しい病のため他界しました。私はその後千葉の娘のもとに身を寄せ、中国山地とはちがったこの地特有の雑木林のさまを楽しみながら連れて来た犬と散歩する日々でした。しかし、時はまさに新型コロナの感染拡大の真っ最中。遠出はできません。楽しみにしていた展覧会や映画観賞なども、無縁に過ごしていました。そうした中で迎えた夫の三回忌です。

どんな形で供養できるだろうかと思いあぐねていたとき、ふと心に浮かんだのは、きびしい運命をたどった『花橘をうゑてこそ』を復刊することでした。どこにいようと常に横井の胸の中に生き続けていたであろう故郷「隠喩息づく都・京」を残そうということでした。

復刊するに際しては、編集工房ノアの涸沢純平氏にご相談し、検討された結果、〈復刊シリーズ・ノアコレクション〉として出版をお引き受けくださいました。氏のご提案は、この書に「京都幻像――ある小宇宙」や、山科でのひとときの記憶を加えて一書にするというものでした。

そこで、横井の年来の友・瀬田勝哉氏のご意見を伺いました。瀬田先生のご提案は、基本的には涸沢氏の案のとおり最初に「京都幻像――ある小宇宙」をおき、山科雑感を添える。次いで北陸富山での感想「京都幻像・その後」を配列して第一部とする。そして『花橘をうゑてこそ――京・隠喩息づく都』を、第二部とする。このように大きく時間の経過に沿うことで、横井の京都論に一つの流れができるのではあるまいか。新しい書名は、序章のタイトルから取り出して付けよう。『都忘れの京語り』と。

かくして前著は新しい「京都論」として甦ることになりました。同時に、いつも横井の脳裡を去らぬ「私とはいったい何か」という主題に近づく糸口になるともいえるのではないでしょうか。

なお、原書名『花橘をうゑてこそ』は横井がどのような想いで好みの西行のうたから抜き出したのか、いきさつはさだかではありません。思うに、初の異境越中富山での独居生活を終え、再び京都に暮らすようになって三年余。この間に、念願であったポルトガルへの旅を実現し、天正遣欧少年使節が第一歩を印した波止場の石段にわが足で立った。ついで元富山大学での同僚・鈴木孝志氏ご夫妻の招きでアイルランドに行き、その地を巡歴してきた。ダブリンの満開の桜は、風を受けて凛として立ちみごとだった。帰途立ち寄ったロンドンは、木蓮や連翹等が花ざかりであった。

京都、富山、再び京都、そして異国での体験。みずからは、いまだ都忘れの気分から充分に解き放たれていなかったとはいえ、西行に倣うなら、わが宿に花橘を植えてこそ、まだ来ぬほととぎすの訪れを待つこともでき、願わくばその鳴き声を聞きながら、人間らしい生活を享受したいものだというひそやかな期待が、花を媒介にしながらの問わず語りにこめられていたのではないでしょうか。

多くの方のご好意に支えられての復刊ではありますが、電子書籍も盛行のなか、三、四十年近くも前に成った一京都人のつぶやきがこうした本になり、今を生きる人たちの心にも自然の豊かさ、文化の深奥さを少しでも感じとっていただけるよすがになりますなら、幸いに存じます。

新しく誕生する『都忘れの京語り』が、遅ればせながら横井清の三回忌の供養になりますよう願ってやみません。

お世話になりましたみなさま、ありがとうございました。

二〇二一年六月

横井泰子しるす

『都忘れの京語り』　目次

花橘《はなたちばな》をうゑてこそ——京・隠喩息づく都

装幀　森本良成

京都幻像

京都幻像――ある小宇宙

なだらかな坂――序に代えて

いま私は、「中心と周縁」などという、あまり手馴れていない視点に立たされて困惑しきった末に、やはり「京都」について読者に語りたく思う。

それは、七九四年の平安奠都いらい〝千年の王城の地〟と謳われてきた大都市であり、〝古都〟などという情緒的な色合いのことばで象徴される土地でもあることは、あらためて喋々するまでもない。そして、それはまた、一八六九年の東京奠都により首都でなくなったことによっていわば悲劇的要素を併有するようにもなったのである。「天皇」と「公家」とが常住しない「京都」など、予想だにされはしなかった。しかしながら、その衝撃も一段落し、産業面での〝近代化〟と教育面での先進的な学制の施行とを二本の大柱として〝京都人〟が自信を回復し、意気さかんとなって以降、「京都」史もまた、新たな視角と方法とで捉えなおされるようになった。日本史における「京都」の歴史的位相をたしかめなおす作業は、実に、政治上の首都としての地位を武蔵国の一角に完全に奪い去られた口惜しさのようなものにも確実に根を置いていたと思われる。むろん、そのような心情は、こんにちではすでに表層部から深く沈み込み、全くといってよいほどに消え去った、とも見えるが、主としては伝統文化（古典文化）の面における「京都」の歴史的・現実的役割の強調、という一貫した傾向の底にも伏流しつづけているのではあるまいか。

ところで「京都」に素材を求めた小説や演劇等は別にしても、それを論じた仕事はやはり相当な量に及んでいる。かつて、およそ「京都」（または京・洛中等々）を書名に持つ単行本を努めて手もとに集め始めたことがあったが、小さな書棚はすぐに一杯になった。その多くは、観光名所案内記的な要素を主とするものであるが、私には手も足も出ない程に高価な豪華本群も含めると更に増え、また、近時『京都の歴史』（京都市編、全十巻）の通史篇も完結したところである。これらに、世態・風俗・人情などにふれた好個の史論や随想群が加わり、地理学・社会学のほか、歴史的研究では都市史・建築史・庭園史・生活史等々の領域からの学術研究書類も大幅に付加されるわけであるから、小規模な書庫などは一挙に「京都」もので埋まってしまおう。

そうした「京都」関係書のうち歴史的に解明した書から、いつまでもその方法の面で惹かれるのを唯一冊あげよと求められたら、ためらうことなく林屋辰三郎著『京都』(岩波新書、一九六二年)をあげる。(1)

一九六二年に出されたこの書は、たとえば、一九三六年に刊行されて以来読みつがれ、こんにちもなお古典的名著というべき魚澄惣五郎著『京都史話』(章華社)をはじめとする先駆的業績を十分にふまえつつ叙述されていることはいうまでもないが、目立った点はといえば、「京都」盆地一帯に空間的に散在する(広義での)名所を原始から現代にまでいたる時間の流れの中で歴史的に位置づけて解説し、いわばコンパクトな「京都」史の概述をなすとともに、そのことによって〝名所案内記〟的役割をもみごとに兼ねたことであった。これは、けっして容易ではない。凡庸たると秀逸たるとを問わず、およそ「京都」史研究や観光ものの執筆に手を染めた者であれば、この都市を扱い、料理しきることの難儀さ加減にはいつも誰しもが閉口しがちである。無数の神社仏閣、史跡名勝、そして天然記念物――。その一々がまた重層的に、住人の「生活」史とも結ばれ合う口碑伝承を身にまといつけてもいるわけだから、何を拾い、何を捨てるかに思い煩いつつ庖丁さばきを試みているうちに、とうてい喰えたものではない料理もできてしまうのだ。そういうしんどさを知れば、一見いかにもあっさりと、歴史学者としての価値判断をとおして空間と時間とを交叉《クロス》させ、各時代の特質と照らし合わせながら名所を座標に位置づけたやり方がどれほどの意義をもつかはすでに明白なのであった。少なくとも日本史学者による、その後の「京都」論は、これを超えていないものと思い、自戒する。

　さて、その『京都』の口絵写真の第二には、見開きで「京都」の俯瞰写真が示されている。西方上空からの撮影であるが、京都御所が中央上部にあり、それの下端（西側）部を左右（北南）に走る一線が烏丸通《からすまどおり》だとわかった時、私にはある種の感慨があった。「しんどかった」というものだ。高校通学時の、旧式自転車の記憶がまたしても脚部によみがえったのである。

　当の高校は烏丸通を北上し北大路《きたおおじ》通にいたったところ、烏丸車庫（北区）付近にあり、自宅ははるか南方、下京《しもぎょう》区のとある路地内にあった。朝、第一校時の五十音順による点呼では「よ」がずっとあとのほうなのに一縷の望みを託しつつ愛車にまたがり、大急ぎで烏丸通に出、そこからおよそ四十五分くらいまっすぐに北上する。この北行はかなり踏み辛くて、ほんの少しでも乗り手が怠れば自転車はふらふらと笑い出す。烏丸通も鞍馬口《くらまぐち》辺りまでくると、いかな若者でも脚部に疲れを覚えてき、烏丸車庫前で左折西進してからは、ようやく気も楽になって意気揚々と校門内に突入するわけである。

まったく逆に、下校時は鼻歌まじりであった。数回ペダルを踏みさえすれば、愛車はまことに機嫌よく何十メートルも進んでくれた。対向の荷車やリヤカーを見ると、荷は無いか、あってもごく僅かなのに、男が引き、女が後押しをしたり一緒に引いたりしている。洛中での商いや仕事を終えて洛北の農村部に帰って行く人たちであった。

要するに、坂道なのだ。ふつうに二本の脚で歩いているだけでは確とは分からない程度の、長い、なだらかな坂道。

この坂道の認識は、たとえば洛中より東山方面へと向かう坂であるとか、また鷹ケ峰方面へと向かうそれであるとかとはまったく異質なものとして私の中に実在しており、私の「京都」認識の枠組をその根底において規制しつづけてきたといってよい。「京都」における「上《かみ》」と「下《しも》」との相関関係、「下」における所謂「一般」と「同和地区（被差別部落）」との対立的関係、それにまた、同じく「京都」出身を自称し合う者の中での京の市街地出身者と、近郊農村部や丹波地方出身者との間にしばしば生じやすい「京都」認識の微妙な交錯とずれ等々——。そうした事どもいっさいを混沌《カオス》のままに眺めるのはこのさいやめて、上に述べた坂道認識を出発点とし基軸としつつ、あらためて考え直してみたいのだ。したがって、おのずと小考は「個」の体験やら感触やら見聞やらを心身の記憶の網の目から抽出することから出発し、進行する。しかしながら、これとても所詮は一つの見方でしかありえないし、別の「個」に照らせば、現実から程遠いものかと思う。いわずもがなではあろうが、小考の論旨を直ちに一般化して受けとるのは避けて下さり、まずは私の心に映ってきている「幻像」として読み進んで下さるようおねがいしたい。

なお小考では、必然的に京都市内の一同和地区の意味が重くなる。論旨が少しでも分かりやすくなるには、その間の事情（正確な位置・実態等々）がより具体的でなくてはとお考えの向きもあろうかとは思うが、そうは行かない。かつて程に顕在化したものでなくとも、こんにちもなお潜在化しての差別が厳として生きつづけている現実を軽視しえないからである。

地形の認識——その根拠

「京都」が、ごく一部での例外（西陣界隈）を別とすれば北東部より西南部にかけて、なだらかな下り坂をなしていることは、すでに地理学研究により明らかにされている。図1は等高線を示す地図(2)の上に、新たに平安京の区画、秀吉による御土居《おどい》造築時（一五九一年）における洛中・洛外の区画、ならびに周知の主要な指標（名所など）を、ごく大まかではあるが試みに載せてみたものである。

等高線のぐあいを一見されれば、すでに「京都」の地形は明白であろうが、この辺りのことについての地理学における先駆的研究としてこんにちもなお評価の高い塚本常雄「京都市域の変遷と其地理学的考察」（注2所掲）は左のように概括している（第二章第二節）。いささか長文にわたるが、ここに引かせていただく（原文のまま。但し、（ ）内・ふりがな＝横井）。

今京都市等高線図（中略）によって京都市地形の大体を観るに、市の西南端東寺に

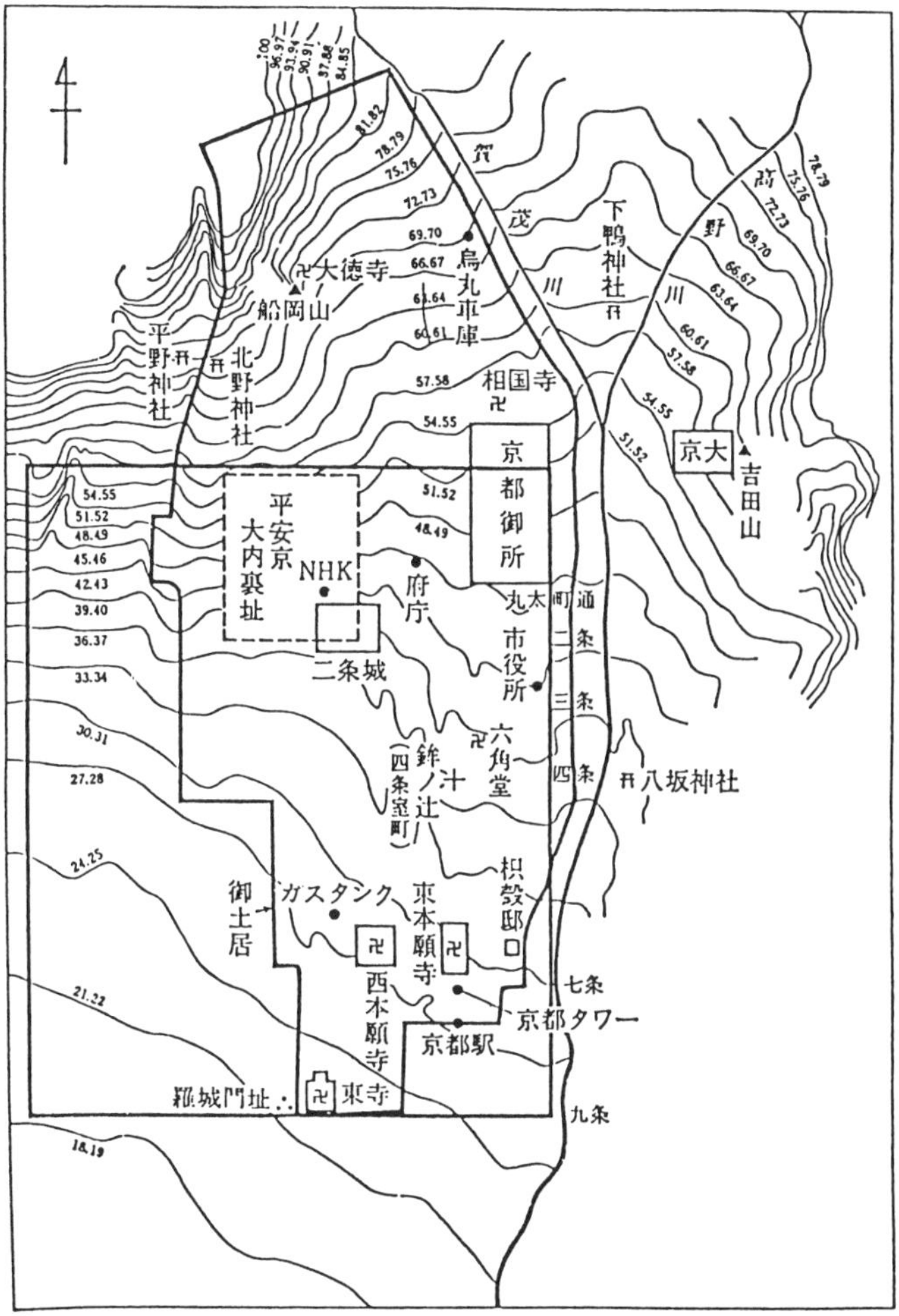

図1　京都の等高線図　　等高線図上に過去と現在とにわたる指標や区画を大まかにでも入れてみると、このようになる（等高線は高度1丈ごと。単位はメートル。数値は注2所掲論文の図による）。

近き府立第二中学校内を通過する等高線は二一・二一《(ママ)》米線にして七条通の正西に当る京極村川勝寺より発し東南御所之内・梅小路を経て此の地に至り、更に東南に走りて賀茂川（鴨川）岸に至る。此の西より東するに随ひて高度を増加する傾向は、これより以北殆んど市の中央部に至るまで持続せらる。即ち二条離宮（二条城）の北方丸太町通は約四三・〇二米の高度にて堀川を東に渡るや急に其線は東南に向ひ賀茂川二条橋附近に達し、其の北四五・四五《(ママ)》米線に至りて初めて東西殆んど等高になるを示す。唯堀川附近に軽度の低地、御所（京都御所）御苑附近に稍《やや》隆起あるを見るのみ。それより以北は漸次東するに随つて反対に低く、上賀茂以西の八四・八五米乃至一〇〇米線は殆んど南北の方向に連走するに至る。これ西に鷹ケ峰・大文字（左大文字）山・船岡山を控へ、更に洪積地より成る西陣の高地部あつて東に賀茂川の流路あるを以てなり。（中略）

要するに京都市の地勢は西北西陣地方の稍高きを別として北・東に隆く、南・西するに随つて漸次傾斜するものなり。市北上賀茂附近は約七九米なるに南方京都駅は約二七米なれば、市の南北に於て実に五二米の差あり。市西二条駅（国鉄山陰線）は約三五米、其《その》正東に当る南禅寺境内金地院附近は約五七米にして其差二二米に及ぶ。尚ほ市の東北鐘淵紡績株式会社並に帝大農学部附近は約六四米にして、西南端東寺境内の南辺南大門に於ては僅に二二・五米に過ぎざるを以て此の差又実に四一・五米に及ぶ。……

ところで、このような状況を仮に東方からでも断面的に捉えてみたら、いったいどう見えてくるのであろうか。

この点について、管見の限りで初めて図示されたのは、岡見正雄・林屋辰三郎編『日本文学の歴史6　文学の下剋上』（角川書店、一九六七年）であった。いま、それに頼って図示してみると図2のようになる。ごく普通の京都地図、ことに観光用地図を見馴れた眼には多少とも奇異なくらいであるし、また、幾度も「京都」の随所に歩を運ばれた読者の中にも、たとえば北大路から少々北上した辺りの地が東寺五重塔に匹敵する高さと知ってあらためて驚かれる人は少なくないのではあるまいか。目立った坂道以外においては、まるでフロアを歩いているようにしか思えないからだ。それが、実はこれだけもの傾斜をもっているのである。(3) 少し荒っぽくいうと、私は海抜約三十メートルの地から、同じく七十五メートルの地へと、約五・七キロの間ペダルを踏み続けて、じりじりと這い上がって行ったことになる。その落差およそ四十五メートルだ。

因みに図2の原図を載せた前掲書の図版解説（六一頁、「大傾斜地」）には左のように記されていて、初めて見たときには思わず膝を打ったものである（傍点・（　）内＝横井）。

> 歩くと感じないが、自転車ならすぐわかる。京都市街は地図から想像するような平地ではない。かなりの傾斜地である。北へ行くことを「上《あ》がる」、反対を「下《さ》がる」というのも理に合っている。もっとも「上がる」「下がる」は御所（京都御所）の存在を考えてのことばだが。

たしかに右の解説には、体験者ならではの実感がこもっている。また私よりもひとまわり若い人（約三十年間下京区に住み、近年滋賀県に移住）にこの話をしてみたら、即座に彼も自転車での北上のことを持ち出して「あれは、しんどかったわァ……」と、いかにも懐かしげに破顔一笑した。こうした認識のありようは、くどいようだがかなり一般的なものらしく、先述の荷車やリヤカーの夫婦たちの所在を求めて尋ねれば、もっともっと具体的で生々しい想い出話も聞けよう。生計を支えることと、そのための仕事をすることとが直結

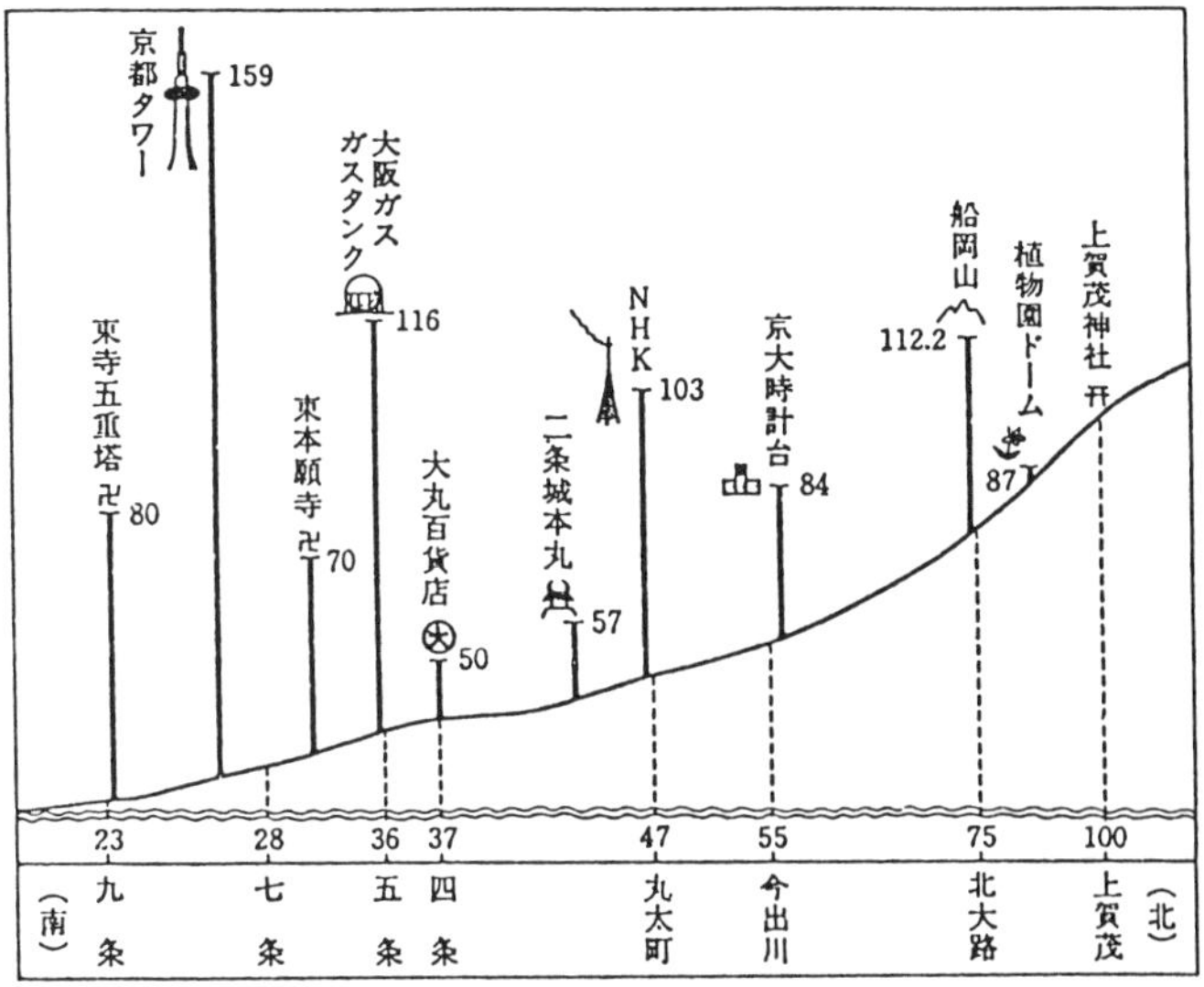

図2　京都の地盤の断面　　北から南へとゆるやかに傾斜する地表に、市民になじみぶかい山や建造物を指標として入れて見ると、このようになる（数字は海抜メートル）。市内の小学校の社会科―郷土教育でも、この種のことは〝市民の卵〟たちに教えられているとか。

してのことではあるが。
　同様のことは、こんにちではすっかり影を消してしまった、あの人力車の車夫たちが体で受けとめ続けていたことでもあったらしい。往時、彼らのほとんどは京都市内の被差別部落の住民であった。彼らは早朝に京都駅正面玄関付近に集結し、駅頭に降り立った客という名の重荷を積んで坂を上がり、そのあとはまた空車ですいすいと駅前に下って来るのを繰り返していた。前掲（注2所掲）の塚本論文は、つぎのような興味ぶかい話を伝えてくれている（一六三頁）。すなわち、

　……曾つて京都駅構内の一車夫が京都市内の地盤は吾々には頗る皮肉に出来たるものなりしとかこちしを耳にしたる……

と。まこと言い得て妙であるとともに、痛切である。さまざまの〝荷〟を運んで、この長い坂道を上り下りした人びとの想いもまた、ギアーつき自転車、そして何よりも驚くべき自動車の普及ぶりによって確実に消えて行く。

図３　明治中期の京都停車場（初代京都駅）前（『石井行昌撮影写真』京都府立総合資料館寄託）　鉄道の発達が人力車の位置を下げたが、辛うじて観光客・市民の足として生き残った。人力車の減少が始まった頃から、被差別部落住民の人力車夫の数は増えていった。

「上」対「下」――「京都」論の余白

「京都」では、北上することを「上《あが》ル」といい、南下することは「下《さが》ル」といいならわしている。知らず知らず、これを「のぼる」「くだる」という人に出くわすと、微苦笑を禁じ得ない。ならわしとしてはおかしいのだが、しかし既述の坂道のことに照らせば、まさに当り！なのだから。もっとも、これもさきにあげておいた『日本文学の歴史６』の図版解説にもあったように、「上ル」「下ル」の語は天皇の御所の存在を念頭において発生したと考えるのが妥当なようであり、たしかに坂道の認識とは一応切り離してみてよいとも思うが、一方では御所以北の住人もやはりこの語を用いているのであって、坂のことは論外としても御所が常に意識された上でのことだとは、こんにちでは言いきれなくなっている。北上することを「上ル」といい、逆を「下ル」という、それだけのことである。

ところで「上ル」「下ル」の語にある「上《かみ》」「下《しも》」の文字には、実はひとことではいいきれぬ特別の意味があったと私は思いつづけてきた。「京都」の住人意識――生活者感覚における「かみ」と「しも」の意識なのであるが、寡聞にして私はこの点に言及した「京都」論があるのを知らぬ。いったい、どういう〝問題〟なのか。

いきなり極言してしまえば、話はいたって簡単ではある。つまり「上《かみ》は上品だが、下《しも》は下品だ」とする感覚なのである。私は下京区の、それも南部に住んでいたのだが、子供ごころにも「京都でも上のほうに住んでいる人は、下のほうの住人よりも上品で、土地柄も違うのだ……」と受けとれる発言を、それこそ幾度となく大人の口から耳にしていた。だから、理屈は抜きにして、「上京《かみぎょう》は上品、下京は下品」などという、とんでもない「京都」観を持ってしまったわけである。こういう認識のあり方というものは、全く以て私という「個」の特殊な体験にのみよることであるのか、それとも年配の〝京都人〟にはかなり普遍的なものであったのかは、ずいぶんと気懸かりなのだ。

上京区とか下京区とかいう行政区画上の呼称のことは別にして、「かみ」と「しも」という表現にかつての〝京都人〟はかなり敏感だったように思われる。ずいぶんと古い話であるが、初対面の二人の中年婦人の対話を実例としてとれば、「お住まいはどっちどす？」「うちとこは上《かみ》ですねン」「あ！　そうどすかァ……」「おたくは？」「うちは下《しも》のほうどす……」といったふうになる。やわらかな京都弁独特のイントネーションに、双方のかすかな表情の揺れ動きぐあいも重なって、今となれば中々と面白い状況がそこにはあった。

むろん、こういう類の話は「文化の現在」でなく「文化の過去」ではないかと一笑に付されそうだが、現在を観てとるには、そうした過去の確認が不可欠といえよう。

いま例示した対話にも、実は、ひそやかな誇りの念と、ひそやかなインフェリオリティ・コンプレックスはあった。すでに過去のものとして見るにせよ、私のいう、〝京都人〟（もしくは下京住人）における「上」と「下」の意識とは、そのようなものであったのである。果してこれは私の考えすぎなのであろうか。いや、そうではあるまい。

「かみ」と「しも」に関連して、今もって鮮やかに印象に残る語に、「かみんちょ」「しもんちょ」というのがある。私自身には体験はないが、「京都」の町なかの童遊の一つに、かけ合いで悪口《あくこう》を飛ばし合うのが古くにはあったそうで、これはたぶん南北に隣接する別々のお町内《ちょうない》の子らがやり合ったものらしい。「かみんちょ」は「上《かみ》ン町《ちょ》(上の町)」で、「しもんちょ」は「下《しも》ン町(下の町)」である。「上ン町」の子らが「下ン町の地蔵《じぞ》さん、頭《あたま》、糞《ふん》だらけ！」と囃し立てると、「下ン町」の子らも負けずに同様にやり返したという。

そのやりとりに、大人たちが日常の会話でほのめかしていたような「上」と「下」の意識があったか否かは、知るところではない。なにしろ互いに眼と鼻の先の町同士でのやりとりなのであるから、軽侮の念も互いに、対等に、そして遊びの一環として共有されたものであろう。

それはそれとして、私の場合は幼い頃からこの「下ン町」という言葉が好きでなかった。親類に当たる人が一丁ばかり北の浄土宗西山派の一寺院の住職であり、母に手を引かれて同寺を訪れることは二、三日に一度はあったのだが、そのつど庫裏の玄関の重い戸を引いて母が声をかけるのに応対する伯母は、「あ！　下ン町か。ようきたな。お上《あ》がり、お上がり！」といってくれたものだ。この言葉には、別に悪意があったわけではけっしてない。私たち親子が「下ン町」という代名詞で呼ばれていたのにすぎないのであって、私の住居からすると寺はたしかに「上ン町」にあった。そういえば、寺に行く時は、母は「上ン町に行くさかいに、いっしょにおいで！」というふうにいっていた。これも、その寺の代名詞であったのだ[4]。

伯母のいう「下ン町か」という言葉が嫌《いや》であったとする感想に、嘘はない。その中の「下《しも》」がいつも嫌であった。なぜなのか。

理由は、いたって明白である。私たち親子と、居所たるお町内《ちょうない》の人びと、ならびにその近辺に住む人びとにとっては、「しも」の語は京都市内では最大規模の同和地区の代名詞であったからである。そこは「下ン町」とは呼ばれはしなかったが、「しも」といえば明らかにそれを指していたし、そこの住人は「しものひと」という言葉ですべてを語られてしまっていたのである。

「しも」の語を幼時の私が嫌であったのは、まさにこの一点に関わってのことであった。「しものひと」という名詞は、同和地区から北方へ転出して来ていた家族にも適用されていた。彼らの現住地が問題なのでなく、出身地が常に問題にされるのであった。ひそやかなしぐさ・言葉の見聞が堆積して行くうちに、子らもまた肌身の体験として大人と同じ認識を確保して行く。その確かな一例が、この私なのだ。そういう人びとと私とが「しも」

の一語に括られているやに思われて、私には嫌であった。まるで自分も卑しめられているように思ったのである。

かような認識のありようが、「差別的認識」そのものであるとの批判に対しては、正に然り……と答えるほかはない。差別心なくして、この認識はあり得ないし、それが実際であった。そして、観念的な次元での差別心の発生・持続源は、明らかに同和地区における住民生活の実態にあった。地区内の側溝の不備、湿気による臭気、とくに中高年層に目立つトラコーマ病の余りもの多さ等々が、「差別」そのものを眼に見えたものとしていたのである。とりわけては、トラコーマ病の現状とか後遺症とかは「しものひと」を識別する上での、決定的指標とさえなっていたのだった。恐ろしいばかりであった。生活面での「保障」の無さが健康に直結し、その結果が眼に現れ、残っていて、「差別」をしつこく支えとおしていた、といってもあながち過言ではあるまい。そしてさらに、トラコーマ病患者そのものを指す酷しい調子の蔑称すらも別にあって、それが同時に「しものひと」を意味する蔑称でもあった、とまでいってしまえば、「京都」の町における部落差別の根の深さはしのばれるであろう。(5) 「京都」の歴史的・文化的重層性の問題というのも、たとえばこのような視角からあらためて論じ直さるべき課題を幾重にも抱えこんでいるはずであって、そのことは「京都」の「文化の現在」を観察する営みにも、深部で関わっているのだと思う。

さて、ここまで文字にしたためながら歩いてくると、下京区南部の一角に育った一史家としては、北区上賀茂付近で海抜約百メートル、下京区の居所では約三十メートルという落差をもつ「京都」の地形、それに「上」「下」という認識のありていを確かめた上で、なおさらに、己の背後に（つまりは南方に）「しも」「しものひと」の鋭い視線を負いつつ三十余年を暮らしたことの重みを再認識せざるを得ないのである。「下ン町」と称されたのを己の〝恥〟でもあるかのように受けとったのも含めてのことだ。たしかに私は、長くなだらかな坂道の下《しも》のほうに育ちつつ、「上《かみ》は上品……」と信じこみ、そこに幽かに生じがちなインフェリオリティ・コンプレックスを、「しも」「しものひと」が実在することで軽減し得たわけであった。数多の「京都」論の一つ一つに、いつも多大の示唆を蒙りながらも、やはり私は叙上のような諸点をしっかりと押さえた「私の京都」論でないと、どうも満足しきれないのである。(6)

東山連峰——町住人にとっての

山というものの美しさにも、いろいろとあるらしい。まいとし家族が愛用しつづけている山岳写真入りのカレンダー日記には、あるときは早暁の、またあるときは壮麗な夕映えの高峰がみえ、そうした山岳を間近に眺める機会のなかった私にも心打たれるものはあるのだ。

登山家にとっては何の興もあるまいが、しかし京都の町からみた山なみもまた、それなりの美を持っている。ごく若い頃、小さな悩みごとがあって小雨の中を鴨川べりに出てみたが、鴨川の滔々たる水流と、霧の煙る中をなだらかに起伏しつつ南北に走る東山《ひがしやま》連峰をぼんやり眺めているうちに、気も安らいだものである。晴れた日、気分転換にと、二階の物干し伝いに「よいしょ！」と屋根へ上り、四軒続きの長屋の上を右往左往して東山を眺めもした。「あそこのぼんは、よう屋根に上がりよる！」と噂されながら。

ふとん着て寝たる姿や東山

巧いこといいよるナ……と思った。高峰は醒めて屹立しているが、これはたしかにごろりと寝ている。山なみ伝いに視線を北へ移すと送り火の大文字山（海抜四六六メートル）があり、その先には比叡山（海抜八四八・三メートル）が聳えているのだが、それでも東山連峰は優しい山なみなのだ。学生時代、大学の屋上に立っていたとき、どういうことからか先輩の一人が、私自身がふだん余り明瞭端的に意見を述べぬことについてたしなめてくれ、曖昧模糊としていて何をどう考えているのか分からない、と評したことがあった。だから〝京都人〟だというのである。そういう〝京都人〟観がどの程度に当たっているのかは知れぬが、丹波（兵庫県）出身の彼ならずとも、どうやら少なからぬ他府県人が〝京都人〟について似かよった印象を持つらしい。私自身は格別〝京都人〟意識を持ってはいなかったが、すぐさま事を荒立てたり、闘争心をむき出しにしたりするのは、たしかにはしたないことであり、別のおだやかなやり口での迫り方、解決のつけ方というものは、終始模索し続けるに値することだった。そのとき私は、「あんなふうにおだやかな感じの山ばかり毎日見てすごしていると、ひょっとしたらこんな人間になるんでしょう……」と話した。彼は「あはは！」と笑った。

東山連峰の美しさについて、あらためて眼を開かれたのは鴨東（左京区）の吉田と岡崎の地に勤務先を持った頃であった。吉田のビルの屋上から眺めた吹雪の翌朝の光景も、岡崎の動物園越しに見惚れた小雨や粉雪に煙るそれも、今もって瞼に灼きついている。とりわけ後者は文字どおり一幅の水墨画であった。

以上はどれも冬景色なのだが、そして何故に冬景色が心象的にいつまでも鮮やかなのかは自分でも分からないのだが、それはともあれ、四季をつうじてこの山なみは素敵な風情をいっぱいに漂わせていた。

今ではさっぱりだが、あの頃に家族づれで四条河原町のT百貨店大食堂の大窓をとおして展望した東山連峰も中々のもので、あそこが祇園さん、あっちが八坂の塔、それそれ清水さんがあの辺り！ などと視線を移しているうちに、結構楽しくなったものである。名所のパノラマが、そこにはあった。ある女性作家がそのような「京都」の自然美を評して、「まるで気が遠くなりそう……」と眼前で口にされたときは、ありとあらゆる「京都」論に馴染みきれぬ身ながら、やはり頷かずにはおれなかったのである。同様のことは、東山でなくともあって、たとえば夕立に洗われたあとの衣笠山の松林の翠緑であるとか、薄雪をかぶった嵐山の光景等々……であるとかについてもいえる。全山紅葉の高雄、栂尾ともなれば、もはや言わずもがな――。

ところで、この連峰はいつも東方に存在していた。当り前である。だからこそ東山というのだ。下京区の一角、それも鴨川に掛かる七条《しちじょう》大橋や正面《しょうめん》橋や五条大橋を渡って東行すれば程なく東山の坂道にいたる所に住み、東山を明け暮れ眺めてすごした者にとっては、東山連峰から〝朝日〟という奴は上がって来るのであり、夕景になると東本願寺の向こう（西方）に美事な〝夕日〟と化してしずしずと、偉そうに落ちて行くのであった。日の出は遅かったし、夕焼けは西空一帯を焦がしつつ、かなり長かったと記憶する。それが私にとって〝自然〟なのであり、疑うべくもない「京都」の景観の一角をなして私の心を支えてくれていたのであった。

しかし、全く恐るべき事態が到来し、私はひとが「馬鹿々々しい！」と一笑するくらいに動揺した。

三十有余年をすごした下京区のお町内を離れて東郊の山科の地、それも東端部に移住したのである。移住する、ということ自体にも漠たる不安はあった。本音を申せば、余り住所を変えたくないのだ。他府県出身で京都の女性と結婚して十年余をすごし、転勤のため東京への移住に迫られた人の話を聞いたことがある。ご老人も含めて、その家族は見知らぬ土地への移住は避け、結局彼は単身赴任したのであった。〝京都人〟の土着性の強さというのは、よく耳にしたものである。[7] だが京都から東京へ、などという大移転に比すれば、下京区から、東郊の山科（当時東山区、現山科区）への移住など、同じ京都市内でのことであって、山一つ越せばよいのである。だが、その山一つが実は大変だった。

　移転先の家の下見に行った日、時を移すうちに夕暮近くになった。壮麗な夕焼けであった。煙草をふかして夕空を眺めていると、その夕日が何と東山連峰に落ちて行くではないか。それはいつも、西山連峰に落ちていたのである。どこの誰が呵々大笑しようとて、あの夕暮時の衝撃は忘じ得ぬ。東山連峰に夕日が沈んで行くのだ。当然といってしまえば、ミもフタもあったものではない。しかしながら、いささか大仰山にいえば、私はとんでもない地点に身を移してしまうのだと実感し、急に心細くなったものである。移転の挨拶も兼ねた体で数か月後に発した年賀状に私は、わざわざ「東山を西に望むここ山科の地に移って早や五か月余……」などと大まじめに記さずにはおれなかった。ショックはずっと持続していたのである。

　ところで、山科の地つきの農家の人びとは、私の大切なあの連峰を〝花山《かさん》〟などという名で一括していた。その名は花山山《やま》に古くからある天文台の名とともに幼時より知識としてはあったのだけれど、いささか白々しい気がした。だが、山科の西端部を南北に走る山脈を、まさか東山などとは山科の住人がいうべくもなかったのである。

けれども、ずいぶんと懐かしいことばにも触れて嬉しかった。土地の人びとは、三条や四条の河原町界隈に連れだって出かけることを「京へ行く」とか「町《まち》へ行く」とかいっていたのだ。幼時の一時期を若狭（福井県）の農村部ですごした私は、京都や小浜《おばま》の町に出かける年長者たちの会話で、そういう表現に馴染んでいたからだ。

京都近郊農村部の住人にとって、「京」とは何であり、「町」とは何であったのか。「京都」史の見方についての、ささやかな視座の転換が私の中で始まったのだと思う。

「京都」の町なかで永年暮らした者は、ごく年若い人であるとか、移住を屁《へ》とも思わぬ人であるとかを除けば、視座＝住所の転換には概して億劫になりがちである。西山の山なみに夕日が沈み、東山連峰から朝日がさしそめる――。そのことの単純なる繰り返しの中で、町住人は確と意識せずとも、心の安らぎを得てきたのであろう。「京都」史、それに「生活」史の問題としても、東山連峰の持つ意味は予想以上に深く、軽視しがたいように思われてならない。

その山なみの局部・寸景は、たぶん今でも洛中の東西路のどこかしこに佇めばふと望まれるはずだが、私はいつも〝花山〟を眺めている。〝花山〟の向こうに「京」があり「町」があるのだ。山科にいるかぎり私は、その山なみを東山連峰などと口に出したりしてはならないのである。誰も咎めだてするわけではないのだが。

範域の認識——交錯とずれ

以上で私は、終始「　」つきで「京都」と記して来た。無論のこと、何かに拘泥してのことである。何にこだわるのか。「京都」というのは、いったい全体どの範囲を指すのか……である。簡単なことのようだが、これが意外と難問なのだ。「東京」についても同じようなことがありうるのではないか。「東京から来た……」という人が、実は千葉県からであったりする。電話でも、東京勤務の知人から、社名抜きで、もしや川崎の誰々などと名乗られたとしたら、すぐにはピンとこないだろう。

いくども面白い体験をした。京都市内の出身者も同席していることが分からない席では丹波・丹後の人が「京都から来ました……」と胸を張って自己紹介をする。市街地の者が同席していることを知っていると、「京都……とはいっても実は丹波の山猿でして……」

などというい方になる。これは意外と大事なことだな……と、かねがね思い続けているのだ。歴史的に「京都」の位相を追究する上でも、けっして軽視できない。

丹波（の一部）も丹後も、周知のように「京都府」内である。けれども「京都」ではない。そういう認識がどうやら一般に通じているらしい。そして、この点の認識が「京都」の市街地以外で生まれ育った人びとに、いつもある種のジレンマとかもつれとかねじれとかをもたらしやすいのではあるまいか。先の自己紹介の仕方には、それが屈折した心理の表現としてよく現れているやに思われる。その意味でも、「京都」とはまことに不思議な性質の町であり、かつ、苛酷でもある。

話をもとに戻して「京都」の範域を想像してみよう。この場合、どうしても外せないのが「観光地京都」の枠組である。つまり、「京都」とは、他地方の人びとにとって恐らくはまず第一に「観光地」として見られていよう。「京都」の町なかでの「生活」感覚をいったん脇に置いて、外からどう見られているかを手掛かりにすれば、その枠組は明快になりそうである。

観光案内的な出版物では、しばしば洛中・洛東・洛南・洛西・洛北といった地域区分が採用され、それぞれについて順次名所・史跡等が紹介・解説される。洛中はさておいて、それらをぐるりとひとめぐりすれば、一応の枠組が得られる。わざわざここに地図を掲げる程のことでもなく、いずれも聞こえた名所群なので、大まかに連想してくだされぱよい。

まず洛東では、北から南へ銀閣寺、岡崎公園一帯（平安神宮を含む）、南禅寺、円山公園一帯（知恩院・八坂神社・祇園を含む）、清水寺、三十三間堂界隈、東福寺、泉涌寺、という流れになろうか。

洛南では伏見稲荷大社、城南宮、そしてぐっと北上して東寺ということになる。（もっとも醍醐――宇治方面も重視しなくてはなるまいが、距離的には一応枠外にするのが妥当であるかもしれない。）

洛西に目を移すと、これは「観光」というよりもむしろピクニックかハイキング向きだろうが花ノ寺（勝持寺）、三鈷寺《さんこじ》や大原野神社があり、また桂離宮、苔寺、松尾大社、嵐山、天龍寺、嵯峨野一帯（落柿舎や祇王寺などがある）、それに清滝、高雄と続く。

さいごに洛北を見ると、ずいぶん遠いが鞍馬寺、大原（三千院・寂光院）、南へ下って八瀬（比叡山に通じる）、さらに修学院離宮、一乗寺一帯（詩仙堂・金福寺《こんぷくじ》など）、その西北方では宝ケ池一帯、上賀茂神社等々になる。

大まかではあるが、観光地図でたどってみた以上の枠組の中が、観光客が一応念頭にしやすい「京都」像であるとみてよい。

ところで、このような枠組での「観光京都」像は、必ずしも住人たちの「生活者」的感覚をとおしての「京都」像、もしくは「京都」観と合わないばかりか、むしろしばしば深いずれを示し続けてきている——というのが私の実感でもある。余り〝利〟に聡くない私にも、勿論のこと「観光」資源による地元への収入がなくなると「京都」は大変であることくらいは分かるのだが、何かしらぴったりと合うものがないのだ。この場合、たとえば近時大いに問題となっている嵯峨野一帯における〝空カン回収運動〟が象徴的に示すような観光客の大群のマナーの悪さ、企業側の野放図さのことも大いに関連はするのだが、その次元での問題以前に、実は「観光」と「住人」との間にある一種のすれちがい感が問題なのだ。

私自身も、「観光」用のいくつかの〝京都もの〟に関係して多少は口を糊してきたのだから余り大口をたたけたものではないのだけれど、「京都」の市中に「生活」していて、「観光」に関わるということは、意外と気の重いことであった。その気分が私独特のことに終わるものか否かは判断がつきかねるが、なるべくなら避けたい……という想いはいつも去来したのである。結果として出来あがる物の良し悪しが問題ではなく、また「観光京都」について極力、適切でしっかりした物を「社会」に提供することの「文化」的意義を否定する気も毛頭ないくせに、やはり気は重かったのは、いったい何故か。「観光」で売らねばしんどい、、、「京都」と直に〝対面〟する辛さがあり、日常の「生活」感覚とそれとの確実な違和感が潜在的に流れていたからだとしか思えない。そういえば、かつて、家系二百年にも及ぶ中京区内の町家の人で仏文学者である杉本秀太郎氏はつぎのように書かれていた。(8)

……京都の町なかに生まれ、いまも同じ場所で暮している私にとって、京都は決して観光の町ではなく、単に生活の町である。観光客が道をたずねたら、私はごく親切に道を教えるが、そのことと、観光ということに対して極めて水くさい気持を抱きつづけていることとは、私において格別に矛盾はない。観光客の出口が私の戻り口なのだから、これはそうあって然るべきところだろう。

ごく短いエッセイの一部だが、それにしても「補足すると……」として付加されていたこの部分のみを抽出するのはいささか気懸りなので、機会があれば通読して、この部分の意味を更に的確に見てとってほしいと思う。

それはともあれ、この一文が眼にふれたとき私は、「ああ！　これかいな」と感じた。杉本氏の一連の「京都」を語るエッセイについては、ほかの諸氏のお仕事とも関連しながら、いずれあらためてじっくりと腰をすえて取り組む覚悟でいるが、ここに引いた数行にうかがえる氏の「京都」認識の〝奥行き〟の深さは、まちがいなく只者ではないと思う。根底には確実に、「京都」の町なかの〝お町内〟に生い育った人でしか確証し得ぬ何かが存在する――、その一例証なのだ。それのみではない。受け付けることと、距離を確保することとの平衡感覚があるのだ。

この平衡感覚の必要性（もしくは必然性）が「京都」の町なかに限ること――などと強弁を張ろうとするのではないが、五十歩、百歩ゆずって申せば「京都」の町なかでも、この感覚を失わぬよう大切にして明け暮れ気をつけていないと、とうていやって行けない何かが実在する。そのようなところに、「京都」での「生活文化」のメリットをがんばって見出そうとする人もおれば、逆にあっさりとデメリットを見てしまう人もいるが、今はそのことはどうでもよい。唯、私の場合は、年長者の日常的しつけにも拘わらず、成長してからはそうした雰囲気に反抗してしまい、紆余曲折する破目となった。

思い余って話が外れてしまったが、ついでに言及すると、たとえば新幹線の車中で隣合わせになった人から話しかけられることがある。

「どちらから？」

「京都から……」

「あ！　京都はいいところですなァ。このあいだ久しぶりに大原と嵐山へ行ってきました。金閣寺の金箔が手抜きか何かで、ひどく傷んでるそうで……」

そういう話に、頭の中の「観光地図」上を右往左往して、少しくたびれてしまう。丸ごと「京都」は〝名所ずくめ〟になるわけであって、嫌な顔はせずとも気分的には確かに白けてしまう。しょっちゅう大原に出かけるわけもなし、嵐山に通うわけでもない。「京都人の京都知らず」とか何とかいう〝評〟が昔にはあって、所謂名所のことには概して暗かった、というのが実相ではなかったか。そういう所は、〝おのぼりさん〟が足を運ぶ所なのであり、余程のことでもないとわざわざ出向く所ではなかったと思う。各地方から京都の大学に入学して一、二年たった学生のほうが、はるかに多く名所についての知見を蓄えていた。これはいささか極端な例かも知れないが、他府県から京都の市中に移り、五十年近くをすごし、七十余歳になる老婦ですら、焼失前の金閣しか知らず、〝京都もの〟のカラー写真につくづく見入って、「へえ！　これが金閣かいな！」と吃驚して、こちらを仰天させたりもした。そういうものだったのだ。

似たようなことは、ほかにもある。京料理とか京風料理とかいうのが売物になっていて、〝本物〟も勿論あろうが、概してうさんくさいのだ。舌で味わうのでなく、眼で味わわねばならない。いや、京菓子と同じでそこにこそ京都の伝統文化の精髄があるのであり、遊びの心すらもが凝縮して彩りも豊かに表現されているのであって、それが分からぬとは情ない！　と言い立てる人もいるが、眼に美しく映り、そして美味なのが望ましい。むろんのこと味覚は正しく「個」の問題だし、一律に行くはずはないが、ごくたまに名所見物につき合わされて、その近くの新しい店で口にさせられる「京風料理」という奴は、ずいぶんとぐあいが悪いと私は思う。そういう所だけでなく、ほかの所でも、どうやら同様であるらしい。

かなり若い時期に京都のど真ん中から東京へ転出した中年の人が入洛し、数年まえ名だたる一流ホテル内の店でご馳走になったことがある。注文はお任せしたので「京風料理」

が出たのだが、その人のほうが先に、それのまずさに閉口してしまい、箸を置くなり、大変失礼しましたと鄭重に挨拶されて、こちらが恐縮した。お愛想でそういわれたのでなく、ずっと綺麗な京都弁、もしくはそれの独特のイントネーションを堅持しつづけていた人だからこそ、その席の「京風料理」の味のひどさ加減を恥じ入られたのであると、私は信じ込んでいるのだ。それも、気の毒なことに場所柄かなり高価なものであった。かたくなに何ものかを墨守しようとする、そして、そうすることで「京都」の誇りを証立てたいとする横町や裏通りの格別の数少ない実例を除けば、やはりかような状況が「京風料理」の「文化の現在」であるらしい。

「京都」とは、いったい何なのか。

同化と亀裂——京・若狭・鉾町

「字型の小さな路地の曲りばなの居所には、格子戸のついた小さな〝お地蔵さん〟があり、見上げるばかりの黒い高塀の邸内に住む大家のおじいさんが毎朝、それもかなり早くにおまいりに来て、年に一度の地蔵盆の前に〝おばちゃん〟たちが新調する紅白の布裂の端を手にして、勢いよく〝チャン！　チャン！〟と鉦を鳴らし、何かを念じていた。夕景にもやはりそうで、それが彼の日課だったのだが、早朝の〝チャン！　チャン！〟にはしばしば参った。こちらの頭によく響くのだ。鉦の位置から三メートルばかり上の三畳の間に小説やら詩やら新聞・雑誌やらに埋まって、私は寝ていたからである。唯一度だけ母親に、彼は毎日毎日いったい何を祈っているのだろう？　と尋ねてみたことがあった。答えは単純で明快であった。きっと、この借家のお町内の安全だろう、というのである。

そのお町内でもやはり、地蔵盆が近づいてくると大人も子供も一緒に、木と紙の行燈を作った。抜け路地の二つの出入口の上方に大型のを、また各戸の入口に小さなのを掛け、黄昏どきに明りを入れた。各戸のには、たいていは子供が好きな絵をかいており、いずれにも側面には「家内安全」と「町内安全」の文字が入れられたものである。表通りでも横町でもその行燈が点々と並んで光る真夏の夜の風景は、たしかに風物詩のひとこまとして、いつまでも忘れがたい。

あのお地蔵さんに祈る彼の音声は、日によっては妙に高らかであった。言語は明瞭に聞きとれなかったけれど、〝チャン！　チャン！〟のあとの声が高ければ、今日は気分がいいのやな！　と感じたし、そうでないと、体調が良くないのかな……と案じたりもした。

早朝のことだから、ああ！　またか！　と小うるさくもあったのだが、鉦の音と声の調子とのつながりの中に、信仰心の有る無しは別として、妙な〝共感〟を得ていたと思う。早朝の、あの鉦の音が聞かれなくなったあと、やがて葬儀が営まれた。

彼のぶつぶつと祈念する声が、天井を眺めていた私の耳にも響いてきた程に、「町」は静かであった。日中でも、住人たちの立ち話の音声、小さい子らの遊び声、そしてポンプの音、ああそれに最寄りの電停に止まる市電のブレーキ音と発進音、豆腐屋や金魚屋や竿竹売りの人びとの声、羅宇《ラオ》屋のあの何とも妙な音色等がたまさかに耳たぶを打つくらいで、人口稠密の下京の一画があれ程までに静かだったというのは、今では不思議に思えてくる。

他府県出身の同年輩にいっぱい友人ができたのは、勿論市内の大学に進学してからだが、彼等、彼女等の発言の端々から私は、それまで全く気づかなかった「京都」の特徴とか断面図とかを教わったものだった。その多くは〝京都・京都人〟〝批判〟であったし、一々が耳に痛かったが、それはさておくとして、たしか上京区内に下宿していた学友が来宅し、「京都の町なかは、思っていたより静かなんだね……」と述懐したのも印象に深い。古くからの「市場」につながる商店街であるとか、市電、市バス、オートバイ（バイク）、トラックなどがひっきりなしに往来する表通りとかではともかく、ほんの少しばかり表通りから奥に入った辺りでは、確実にそういう静けさが保たれていたと思う。むろん、軽視できぬこととして「家」の広狭であるとか、奥行きのこともあって、[9]「京都」の何処辺りに、そしてどのような規模・構造の住居で育ったかということは、かなり深層部において一人一人の「京都」認識を左右している、というのが私の持論なのだが、それはともあれ、概して「京都」の「町」なかが静かであったという一事は過去と現在とにわたる「京都」論の一隅に据えておいてよいと思う。

　ところで、私の幼時に若狭から初めて来宅し、玄関口をガラリ！と開けて、「よお、来たでよォ！」云々と若狭弁丸出しで大声かけた親類のおっさん（故人）は、姪に当る母と私とに「玄関から裏まで、えろう近いのォ……」とか、「戸をあけたらすぐ裏やのォ……」とか冗談を言って呵々大笑し、土産物のいっぱい入った風呂敷包みを開けてくれた。へしこ（鯖や鰯の糠漬け）もあって、私たちを喜ばせてくれた。あれは敗戦後、程なくのことではなかったか。

　そういう、まことに小さな小さな「町」なかのしもたやで、高校や大学からの下校後に、ごろんと横になり、本や画集を眺めてみたり、あれこれと、とりとめもない空想に耽ったりした「時間」は、まことに大事であったと思う。冬の底冷えの夜も、むし暑い真夏の日中も、その二階の三畳の間こそは、私だけの「小宇宙」であり、ささやかな知的創造の基地であった。

それにつけても、真夏と真冬の「京都」の辛さは格別である。このようなむし暑さはたまらん！　とか、こんな寒さは知らん！　とか、他府県出身の学友たちはこぼしていた。何処に旅をしても、私は暑くて困ったとか寒くて弱ったとかの体験が殆どない。暑さ・寒さの程度でなく、質が違っていた。夏休みになるかならぬかの内に、友たちは早々と帰郷して行き、私は残った。帰るところなどなかったわけだ。二階の居室では特に、じっと机に向かって本を読んでいても汗が一粒一粒はっきり分かる形でにじみだし、垂れてくる。屋根瓦は、触れればあッ！　と思うくらいに灼けていたし、近隣の道路のアスファルトには荷車を引く馬共の蹄鉄や、歩行者の靴の鋲の跡が深く刻まれて残った。蒸されているような暑さである。かつて林屋辰三郎氏は、前掲の『京都』で左のようにいわれていた[10]（傍点=横井）。

京都は、かつては断層によって陥没した湖底（断層湖盆）であり、ある時には大阪湾につづく江湾でもあったと、地質学者は教えている。もとより数万年も昔の話である。

しかし京都の人々は、この郷土の前身を、こんにちもあんがい切実に感じている。夏の蒸し暑さ、冬の底冷え、さながらすりばちの底にいるような気温のはげしさが、いったいどこから来るのかを、とくに誰から教えられるわけでもないが、この数万年前のことを意識の下において、自然に体得しているのである。……

夏と冬の季節のきびしさは、学問的には内陸的気候というのであろうが、明らかに湖底的風土がもたらすものであるとすれば、春と秋の季節の美しさも、実は同じく湖底的風土がもたらすものと考えてよい。京都人は、春と秋を享受する代償として、夏と冬とを諦観しているのである。……

やはりこれは名言であった。

冬の厳しさの代名詞でもある底冷えという奴は、その名のとおり、正しく底の底の方より這い上がって来て足先にとりつき、尻を冷やし、腰を通り、さいごには、ああ！　たまらんわ！　と震い上がらせる。

近年、上州（群馬県）へ所用で行った時、土地の人びとは寒そうであったが、私は一向に寒くはなく、それよりも砂塵を捲き上げて吹く〝空っ風〟の強さを初めて実見して一驚した。同じようなことは真冬の東京でもあって、寒そうに襟を両手で立てて歩む群衆の姿の不思議さもさることながら、辻々の横町からピューッ！　と噴き出てくる突風に気を取られた。何か〝事件〟が起こったみたいなのだ。寒さは、殆ど感じずに。

因みに、市中の旧家の屋敷構えでは、概して真冬よりも真夏の方が過ごしやすかったという。通風も悪くはないし、多少湿った感はあっても、二階（天井が低い）でなく一階だと扇風機は殆どいらなかったらしいし、第一に直射日光は入らなかったのである。薄暗い感じであるとか、一寸重い感じであるとかに馴れれば、夏はたしかにましであったようだ。逆に冬は大変であったという。例の底冷えが迫って来る上に、古風なお年寄りでもいれば、しょっちゅうの締め切りが嫌われて、適宜に戸や障子を開放されたから、他の土地から嫁いで来たばかりの〝お嫁さん〟は、質《たち》の違う「京都」の冬の寒さには閉口したらしい。むろん、夏にも困ったであろうけれど。[11]

そういう「町」ではなく、玄関をあけるとすぐ裏だ……と評される住居群の「町」にも、何年かに一度は〝お嫁さん〟がやって来た。市中の何処とか郊外とかから来た人は別として、たとえば近江（滋賀県）出身の人でも早々と町内生活に馴れたし、数年もたつと、かつては姑さんもそうであったように、言葉つきとか応対ぶりとかもまわりと変わらなくなった。

　これはまことに卑近な例で恐縮だが、私のごく若かった頃、若狭の三方五湖付近の親類が西陣の帯屋へ嫁いだ。同じ福井県でも越前と若狭とではいろんな点で違っていたし、小浜—敦賀間のローカル線に乗ると、大体乗客の話し口調で見分けがついていたと思う。この若狭弁の調子というのは、ごく大まかにいえば、京都弁のそれに随分と通いやすい面があるとかねがね感じては来たのだが、果たしてどの程度に当たっていることなのか。ともあれ、その女性は他郷から西陣のど真ん中に飛び込んだことによる喜怒哀楽の情は別として、ほんの四、五年たつかたたぬかの内に、言葉つきや物腰、態度などの面で「京都」化してしまった。そして、このような実例は、少しばかり冷静に、かつ意地悪に観察し続けたら、他にもいっぱい見出されるであろう。

　「京都」の「町」がしたたかに保ってきた同化力がそのようなところに潜んでおり、その力量は相当なものだ——とは、私にとっても一つの持論なのである。この、物腰柔らかな〝熔鉱炉〟は、呑みこんだ異物をたちどころに同化してしまう。そう信じ込んでいるのだが、やはりこれも一種の偏見たるに終わるのだろうか。

　この類の話をさらに私的部分に突入して試みつづけたとしたら、たぶん「京都」は、人の目には「京都」でなくなってしまい、表に見せている顔とはおよそ異なった阿修羅か般若のような形相をすら呈するにちがいない。もしそうであるとしても、それもまた「京都」だったし「京都」なのだと私はいわざるを得ないと思う[12]。

話はかわるが、もう十二、三年もまえのこと、長刀鉾町《なぎなたぼこちょう》の庫へ、古文書の調査に出向いた。祇園祭の宵山《よいやま》の直前であり、ごった返していたが、そのような時にしか調査はできなかったのである。長刀鉾は、所謂〝鬮《くじ》とらず〟で、京都市議会場での〝鬮取〟による山鉾巡行の順序決定とは無関係に、恒年巡行のトップを切る鉾である。格別なのだ。

庫に向かう路地に入り、同僚たちと共に庫内に二、三歩踏み込んだ途端、私たちはけたたましいやりとりを耳にして、思わず振り返った。見ると、おきまりの法被を着た屈強なあんちゃんと、同僚の女性とが大声で張り合っているではないか。わけが分かってあきれてしまった。男性の私たちが平気でまたいで来た一筋の荒縄を彼女もひょい！とまたいだのが事の発端だ。みんなが、いわば〝無断立入禁止〟の表示だとくらいに気楽に思っていたのだが、あんちゃんはそれを女性がまたいだのを見咎めて「けがらわしい！」と叱ったのである。彼女も負けてはいなかった。頬を紅潮させて背筋を伸ばしたこの〝京女〟は、「女やさかいにけがらわしいとは、あんまり失礼やないですか！」とか何とか、堂々と喰いついた。実に壮観であったし、立派であった。もっとも、そういう感慨は、二人を囲む陣形でみんながそれぞれにお辞儀をしたり、体をくねらせたり、ボサボサと頭を掻いて笑ってみせたりして、やっとこさで丸く収まったあとに湧き上がって来たものであって、十分間くらいは文字通り〝水火の争い〟に立ち会う思いであった。

あんちゃんの言い分も中々と面白かった。その一筋の縄は、「只の縄とは違うていて注連縄や」というのだ。そういい立てられている限り、この理屈を破砕するなどという営みは、それこそ〝一筋縄〟では行かぬばかりか、下手をすると渦が渦を呼んで大そう厄介になってしまう。「注連縄ならば、それらしく御幣のように白い紙片でもぴらぴらと吊るせ」などと反論したりもできぬ。紙片がそのようにしつらえてでもあれば、男性群もむろんまたいだりはしなくて、くぐり抜けていたはずだ。常識なのだから。あんちゃんは、それを注連縄だと見ているのに男性はパスさせ、女性だけは拒否した。そこに〝問題〟の最大の核心があったわけだ。

「鉾町」住人以外にも、他よりさまざまな〝任務〟を負って「祭」に奉仕する人は伝統的に多く、そうした人びとの懸命で誠実な協力なくしては「祭」は成り立たぬ。あんちゃんもきっとその一人であり、「本業」やら「生活」やらを何とかやりくりしながらそこへ来ていたのだと思う。宵山も迫ると、おのずと気も立つことであろう。そのような気分の中から、あの小さい事件も生じたのだろうが、私などはやはり、またしても「京都」の暗部に潜む一断層をこの眼で再確認する思いがした。「鉾町」の人たちの、ある種の気位の高さについては、それこそ、その「周縁」部の大人たちの認識にかつては実在していたし、話として聞いていただけのその〝世界〟が突如切り取られて、いたって象徴的な姿形で提示されたようである。勿論、この一例のみをもって「鉾町」全体を、そこに生きて来た住人の意識すべてを割りきろうとしたりしてはならぬ。しかしながら、「鉾町」住人が確実に保って来たはずのしたたかな誇りの念――それがあってこそ「祭」は幾度もの危機を乗り越えて来たのだが――というものが蓄えこまれ、堆積しつつ、あのあんちゃんの背後に脈々と息づいていなかったとしたら、当日の一件は生じなかったと私は今でも信じ込んでいる。それは、「京都」「町」について思いめぐらす時、「同化」力の凄さへの認識に匹敵する「亀裂」面の認識の一端として、私の中で生きつづけよう。

中心と周縁——さまざまなる「京都」論への期待

以上で私は、結論が出るわけでもなく、要するに一つの感想文でしかない「京都」論を閉じてしまうことにする。各節で説明しようとした事どもの一々が、他のいくつもの瑣末な事がらに連結して行き、まるで童話の〝豆の木〟のように天空高くに伸びて気ままに枝葉を張る。そして風に揺さぶられて、その細部を逐ううちに、しまいにはかすかな眩暈や嘔吐感すらもが感じられてくるのだ。

それでもなお私は「京都」に固執してしまい、これについて考え続ける営みは「被差別部落」のことを考え続ける営みと全く同じ比重で今後とも私の課題となろう。

しかし、考えてみると、「京都」の「町」を多少とも対象化して眺められるようになったのは、実は、たった数キロ東方の地に移動したことによる。阿呆らしい程の距離でしかないが、既述したように（東山連峰——町住人にとっての）山脈一つで隔てられる土地への移動は、私の営みに一種の安らぎを与えるきっかけになったらしい。そして、それまでは見えなかったものも見えて来たのである。逆に、見えなくなったものも多いようで、ことに、あのお町内界隈での「生活」実感というのは、なおもそこに住む近親者の口や表情を通して僅かに感じとれる程度になり、年を逐うにつれて生々しさのようなものが稀薄となった。当然のことであり、仮りに足繁くその地へと通ったとしても、通うことと住むこととでは勿論決定的に違っている。

ここでいう生々しさとは、これもまた分析するには至極厄介であり、恐らく長年「町」なかに住んで来た人ならば〝くすッ!〟と笑うか〝ニヤッ!〟と微苦笑を見せるはずで、言葉では簡単に現せぬ体のものだろう。その生々しさには、隣近所同士、しょっちゅう顔をつき合わせているような感じの緊密な対人関係が醸しだすペーソスやユーモアがいっぱいに詰まってもいて、一瞬の微苦笑と化して凝結する。そして、同年輩の男女が一室に集って、全員が京都弁で喋舌っているような席へ十何年ぶりかで突然に顔を出すと、私のいう生々しさのようなものが生気を甦らせ、迫ってくるのだ。幼少時代に親しかった男友達の何人もが、ずっとそのまま家業を継いで一家を荷っているのであって、青年期に東京などで学生生活体験を持った人であっても「何々しちゃってさ」とか「だってさ」とかの語は帰ってくればすぐに雲散霧消し、お町内の「空気」に浸りつつ生きて行く。そして、その場が「中心」となるのだ。女性の方は、嫁ぎ先により、圧倒的に他府県在住者が多いようだが、それでも同窓会の集いで帰ってくると、わァッ！　と一挙に〝京都弁大会〟の渦にいとも簡単に身を委ねる。

そういう席に加わると、自分の中に「京都」や「町」が急旋回して戻ってきたかに思われ、その生々しさには一瞬たじろぎ、当惑するのであるが、程なく馴れてしまう。私は東郊の一角を自分にとっての「中心」として「京都」とか「町」とかを見はるかす気になりたいのに、あッというまにその視座が移動してしまうのだ。十年が二十年、二十年が三十年になれば、いったい事態はどのようになるものか。また数キロの距離が百キロになり千キロになったら、私の中の「京都」「町」像はどのように変わるのであろうか。

先に私は、山一つ隔てて数キロ視座をずらしただけで新たに見えて来たものと見えなくなったものがある……といった。その距離が一気に長くなったら、そしてそこを新たな「中心」とすべく努めながら「京都」「町」を考え続けるとしたら、見えるものと見えなくなったものとがさらに際立つのではないか――という想いは、確かに私を魅了する。そのようなことをしたことがないからであろう。井の中の蛙がピョン！　とひと跳びしただけで、大仰山に騒ぎ立てているにすぎない。

必要に迫られての手紙とか、商用の書類とか以外に文字を列ねることもない「町」住人の誰彼が、己の居所を「中心」にして「京都」や「町」や「名所」を語り始めたら、どのようになるのだろうか。「同和地区」「スラム」に生き抜いてきた人びとにとっても同様である。これまたまことに魅惑的なのだが、一人一人がその「中心」にいる限りでは、本当に語りたいことどもは「お町内」という地縁的関係、それに洛中洛外に点在する親類縁者という血縁関係へのひそかな心遣いの網の目にまとわれつつ、やはり意識下にあって、あの東山連峰のようにひっそりと横になって眠り続け、くすぶり続けるに相違ない。

どこでもそうであろうけれど、「京都」論の視角も視座も無数だと思う。その深度もまた同様だ。だからこそ、さまざまな住人による、さまざまな「京都」論が今後とも大いに期待されるのであるが、これが中々とむつかしい。さる日、ある知人に、「京都」のことを考えている……と語りかけたところ、彼はすぐさまつぎのように私を見すえて、たしなめたものである。

……親が何県の出身で、自分は何々小学校を何年に出たとか何とかくらいで京都人面をしなさんな。京都ちゅうのは、物凄いんやぞ。

と。酒席での、ほんの十数秒間の発言だったが、私の方は心底からこわくなった。[13] あのこわさを大事にし、逆手に握りしめて、考え続けたく思う。因みにその人は「古都」千年の歴史を家統の血脈によって証立ててきた「公家」の後裔なのであった。

〔付記〕 小文を綴りだす過程で、著書・論文をつうじ、また折にふれての雑談をつうじて随分のことを教えてくださったみなさまにお礼を申しあげる。なお、これの趣旨は一九八〇年九月の文化史懇談会例会（於・京大会館）で話す機会を得、出席者各位から種々示教を受けた。併せて謝意を表する。

（初出は、岩波書店発行『文化の現在4中心と周縁』一九八一年三月刊、所収。のち、阿吽社発行『光あるうちに―中世文化と部落問題を追って―』一九九〇年十二月刊に再録）

注

(1) 著者林屋辰三郎氏の一文には「『京都』その後」(岩波書店『図書』一八三号、一九六四年一一月)があり、同書刊行後二年余における景観・文化の破壊の進行ぶり、新しい京都論の着想等々について述べられているので、同書と併読されるよう勧めたい。なお、同氏『町衆─京都における「市民」形成史─』(中公新書、一九六四年)は、その新しい視角に立って叙述されたものである。

(2) ごく普通の地図では市街地の起伏を示す等高線は煩雑さを避けて全く捨象されているが、地理学者や考古学者が常用して参考とする「土地条件図」(二万五千分の一、京都)では明瞭にたどることができる。なお、図1の作成に当たっては、塚本常雄「京都市域の変遷と其地理学的考察」(『地理論叢』第一輯、一九三二年)所載の各図に多くを負っている。同論文の所在を示教された桑原公徳氏(地理学)に感謝する。

(3) 参考までに付言すると、京都の地理学的研究においては近年とくに平安京造営計画と自然地形──河川・谷筋との関係が注目されていて、ここにいう〝フロア〟にも自然の微起伏が随所にあること、ならびに平安京造営に際しては、自然地形を活用していたこと等が強調されている。この方面の研究を主として推進されている足利健亮氏は、最近刊の『地図の風景　近畿編I　京都・滋賀』(そしえて、一九八〇年)の中で「起伏する地形を見失わせる格子縞─京の町と川」と題し、つぎのように述べていられる(七二頁)。

「……街路が直角に交わり、それによって正方形または長方形に区切られた街区が整然と並ぶ、という姿が、空中写真を見る見ないにかかわらず、人々の記憶に納まっていよう。かくて京都の町は碁盤の目にたとえられる。

ところで、町ではなく、本物の碁盤そのものであるが、盤面は誰でも知っているとおり、一滴お茶をその上にこぼしても、ころっとした水滴がその場に丸くうずくまって動かないほどの平坦面である。その印象のせいか、私はかつてかなり長い間、京都の町なかはまっ平《たいら》であるように誤解していたものだ。

実際には、京の町なかは、結構起伏を持っている。起伏を作ったのは川であった。」
（4）あらためていうまでもないが「上ン町」「下ン町」の語もまた、発言されるときの状況、声音、調子、そして表情とか口先の具合等々によって軽侮の語と化すわけであって、それ以外に、ごく普通に口にされるときは一種の地点（地域）表示であるにすぎない。
（5）ついでながら、三十有余年におよぶ部落解放運動の昂まりと、それに対応する京都市当局の同和行政の推進は、地区住民の「仕事」の保障、住居・地域の改善、教育条件の向上等々にめだった成果をもたらし、医療面でも同様であるので、ここで述べたような、トラコーマ病が〝識別の指標〟となる事態も急速に減じ、皆無というに近くなった。この現実は、永年地区の周辺で生活しつづけてきた「一般」の人びとにとっては驚異的な変貌として映っているという。やはり「生活」の保障が何にもまして基本だったのだ。
なお、京都の一角での差別的体験、同和地区と所謂「一般」との日常的な対応関係については『シンポジウム　差別の精神史序説』（三省堂、一九七七年）で発言し、また別に小文でも触れておいた（「部落史研究と『私』」、『光あるうちに』阿吽社、一九九〇年、初出は草風館発行『人間雑誌』創刊号、一九七九年）。今後の重要課題は、眼には映らない世界をどのように分析し、解放へと向けて開拓しうるか、であると考えている。

《注5補記》　前記『シンポジウム　差別の精神史序説』での筆者自身の発言から二、三を左に引く。

私は京都で生まれて、三十何年間、ほとんどべったり京都の町の中で育ったんです。自分の家からほんのちょっと離れた所に京都市内最大の都市部落があって、もの心ついてから、遊びとか喧嘩とか、親や近所の人の反応のしかたとか、しぐさとか、雰囲気とかを通じて、また走りかた、口ぶり、物腰なんかでも「ああ部落の人やなあ」とわかってしまう。そういう、なんともいえんような「勘」が自分のなかにべったりとついてまわっているわけなんです。私には、差別用語と差別語は違うというのはよくわからないのですが、こうした差別語というものを、言語そのものの問題として考えたことはほとんどなくて、差別語といえば部落差別に関する蔑称というように直結させてしか考えてこなかったわけです。ですから、このシンポジウムの場を通じて、もう少しレヴェルの違ったところで展望の糸口をつかめたらと思っているのですが、東京のかたと関西のかたとでは、差別用語そのものをとらえるときの問題が、根本体験といったところで、ものすごく違うのではないですか。

（一五頁より）

いまのしぐさのことですけど、言葉で言ったり話したりするよりも、親とか親戚の身近な人が指を四本だす。高くかかげるのやなくて、下に向けて指を四本さしだして、わざわざ小声で、「あの子らと遊んだらあかんえ」という感じのしぐさが、幼い時から身に入ってゆく。理屈の説明はいらないわけですね。四本指の手つきとささやきはたいへん強烈ですね。だから言葉はいらないです。そうした局部的なものを見ると、言葉のレヴェルで論議できることと、しぐさのもつ全然別のものとを、別々に考えて見ないとあかんのやないかと思うんです。……身体とか肌とかにビーンとこたえてくるんです。絶対に忘れられませんわ。（八〇頁より）

……それは、ものすごくプライベイトな、小さな世界の中での積み重ねなりなんですね。かんたんには抜けませんわ。（八一頁より）

（6）このあたりのことについては、「個」体験の筋道を縦軸に、「観光京都」を横軸にして、ささやかな「京都」論をあらためて試みたいと思っている。

(7) 土着性のことにどの程度関わるかはさておいて、吉田秀雄氏（京都市都市計画局企画課）によれば一九七九年七月に京都市が都心部に居住する千人を対象として行った調査では、住宅・住環境の防災性能への不安や、子らの遊び場の危険性の認識は強いとはいえ、これからも都心部に住みたいとする人は七〇％におよんだし、また転出希望者の中でも住環境の改善によっては永住したいと考えている人は八〇％を超えたという（同「都心のまちづくり再考」、京都新聞社計画開発部発行『教養の広場』第五号、一九八〇年一一月、所載）。

(8) 杉本秀太郎「『京都』の流行」（同『洛中生息』みすず書房、一九七六年）一九〇頁より引用。

(9) 二、三の実例体験しかないのだが、京都の町屋の典型に類する上京・中京辺りの旧家の住居では、奥の方は本当に静かであったし、文中の下京の大家さんの家でも同様であった。なお、中京区夷町を対象にして建築学や造園学の専門家たちが住居・町内・住人意識等々をくわしく調査・分析したものに島村昇・鈴鹿幸雄他著『京の町家—生活と空間の原理』（鹿島出版会、一九七一年）があり、都心部の変化が急速に進行する中で貴重な記録となっている。

(10) 同書、序章六—七頁より引用。

(11) ここに記した例は、中京区内の町家に嫁いだ他府県出身女性の「個」的体験談による。その「家」は京の町屋の典型で、素敵な一例であった。しかし、小さな借家に嫁いできた人は、冬よりも夏が辛かったともいう。老人のいる世帯では概して二階が若夫婦の起居空間になりやすく、深更に及んでもむし暑くて赤ン坊はむずがる。冬の底冷えは、厚着とかこたつとかで何とか凌げるが、真夏のあのむし暑さには、皮膚を脱ぐわけにも行かぬ……というのである。土台、郷里の夏の夜とは違っていたのだ。その辺りにも、林屋氏がいわれたような「京都」の気候を〝諦観〟しつづけて生きて来たものと、突然に他所より飛びこんで来たものとの間に、一筋縄では括れぬ違和感が〝高温多湿〃の気候に触発されて爆発することもある。

(12) 最近の若い作家の作品はまだ読んでいないが、「京都」というものをいちばん底深いところで摑みとっていると実感させられて来たのは水上勉氏の一連の作品であった。近作『私版　京都図絵』(作品社、一九八〇年)は回想録風な形をとるが、今度も読んでよかったと思う。氏の作品に私が心惹かれる重要なモメントとしては、「京—若狭」像が見えつ隠れつする点があるのだが、それはともあれ、氏の作品に描き出される「京都」の根底的なるものを、歴史学からも大切に見つめて行きたいと思っている。

(13) 念のため言い添えるが、この発言はけっしていけずやからかいによるのではない。しかし、こちらがこわさを感じとってしまったのは、「京都」とか「京都文化」とかを論じ立てようとするさいに、しばしば得体のしれぬ「京都」そのものの持つ底深さ、それが導き出す見えざる〃力〃が、論者の前に立ちはだかってくるように思えることと通底しているからではあるまいか。そして、その〃力〃は、しばしば論者を手玉にとってしまいやすい。たとえば「京都人」なるものが俎上にのぼされるとき話は多分にややこしくなりがちだ。近年は文化人類学の見地に立つ論議もさかんなようで、さいきん眼に触れた長島信弘氏(文化人類学)の「日本的社会関係—既成イメージの解析—」(増田義郎編『講座・比較文化6　日本人の社会』研究社、一九七七年、所収)は「京都・京都人」論が一部の文化人の中で空転しつつ拡散しやすい状況を批判的に写しだしてくれていて、私には興味ぶかい考説であった。たしかに、いわゆる「京都人」気質をめぐる〃神話〃群破砕の試みも含めて、貴重な成果は二、三にとどまらないが、多角的・多面的分析の名の下にくりひろげられる論議は、えてして実相をますます複雑怪奇にしたり、逆にのっぺらぼうにしたりしやすい。

　そういう論議の中には、しばしば「京都人」気質なるものへの批判や諷刺が現れる。〃神話〃の影にとりつかれてのことだとは感ずるが、思い当たるフシも少なくはない。たとえばのことだが、京都以外の地の出身者、または京都での生活の根の浅い人による「京都」論に対しては、「京都人」たることを自他共に認める人や、自分では否定するが他はそう見ているような人からの〝風当たり〟はえてしてきついものがあるらしい。本人は、いわゆる「東京人」のからかい癖（前記長島論文の注16）に比すれば赤子のつぶやきみたいに思って一寸口に出してみたつもりでも、相手には陰湿でひどいやり口として深刻な傷痕を残すことがある。かようなことも、実は「京都」論における「中心と周縁」の問題点としてけっして軽視できないのだが、それはともあれ、たとえば「京都」の景観保全のこと一つをとってみても、「京都」の良さを守ろうと提唱しつづけてきている文化人の多くが実は他府県出身者で永年「京都」に住んできた人びとであるという現実は、更めて見直さねばならぬと思う。そういう人たちへの風圧は、彼らに一種の〝よそもの〟意識を根ぶかく植えつける一方、〝よそもの〟なればこそ観じ得る「京都」の良さではないのか……という、一種の自負心・気概・バネを用意させるといってよい。これもまた、大事に見つめなくては、本当に意味のある「京都」論は完成せず、その〝未来像〟も創出しえぬと私は考えつづけている。因みに、林屋辰三郎氏は、「『京都』その後」（注1所掲）を左の文言で結ばれていた（傍点＝横井）。

「『京都』以後、わたくしは京都をさまざまに角度をかえて考えている。こんな勝手なことは、やはりメッキ京都人だから可能なことなのかも知れない。」

また、村井康彦氏も、ある鼎談集で次のように発言されている（傍点＝横井）。

「……京都で、おあがりなさいといわれてのこのこ座敷にあがったら田舎者で、出されたお菓子を目の前で食べたら失礼にあたる。そんなときはわざと次々と出すんだそうですね（笑）。経験はないけど。

そういう意味では、まあいやらしさとウラハラですわね（笑）。これは京童《きょうわらわ》の伝統ですね。京童の、風刺する、人をからかうという精神とともに、一方では自分は京都人であるというエリート意識、これは正直いってどうしようもないものだ。それがもうウラハラですね。私は京都生まれではないもんで……」（村井康彦・守屋毅編『中世―心と形』講談社、一九七九年、三六二頁）。

　こういう感じを抱かせるもの、それがいったい何に発するのかが重要であろう。「京都人のいやらしさ……」という実感に連結し、その背後には〝神話〟群の再生産にもつながる〝力〟（先述）が大いに働いているからだ。そしてこのような論評は、しばしば新聞の投書欄にも現れ、少し気をつけてスクラップして行くと、ただならぬ〝京都像〟が垣間みられる。ごく最近（一九八〇年）に眼に触れたものでは、嵯峨野めぐりを楽しんだ観光客が、ある名所で早朝、受付係から〝おはようございます〟と声をかけられて（あちこちで、無愛想なのに慣れていたので）びっくりし、帰りには〝どうもありがとうございました〟と言われて京のよさに感激したとか、久方ぶりに入洛し、帰りに土産物屋に寄ったが、店の人からは一言もことばが発せられず、京都の人情の冷えを痛感したとか……が印象につよく残ったのであるが、別にもう一つ面白いのがあった。この場合は、京都人はどけちであり、女性はいけずであり、口で言っていることと心とは裏腹……などという〝京都出身の有名人〟の発言や、新聞の投書欄にみえる批判にかねてより困惑し、京都の大学に娘を行かせたものかどうか本気で悩んだという愛媛県の主婦の声である。結果的には案じたようなことは全然なく、むしろ「京都人」の親切なのに感謝している、とあったから救われるが。

牛尾山麓記抄より——山科雑感

洛東トマト合戦のこと

わが家では、食卓にトマトが現れると、私と妻はいつも顔を見合わせて笑ってしまう。ことしの四月には早や小学五年生になる長男も、てれくさそうな表情をする。くわしくは後述するとして、だいたい私はこのトマトという奴には眼のないほうで、パラパラと塩をふりかけてかぶりついたときの感触がたまらない。幼少時に若狭の母の実家で育った私は、歳もさほど開かぬ叔父や叔母たちにつれられて、畑へトマトをもぎに行き、みんなで食べたものだった。ともかくこの色づいたトマトをみただけで私は……。

いや、うっかりして話の筋道がそれるところであった。小文の題は「洛東トマト合戦」である。

さてと、この「合戦」は、なにも日本戦史上、たとえば湊川の合戦であるとか桶狭間の合戦であるとか、はたまた関ヶ原のそれとかいうほどには名だかい合戦ではない。まさしく歴史の蔭にひっそりと生きる、無名も無名、とんでもなく無名の小合戦といってよい。無名ではあるけれど、この合戦は、ひとたびこれを伝え聞くものには、すぐれて「教育学」的な問題を提起するとともに、ついでに、もはやさか立ちしたって帰りこぬ己れの「少年時代」へのノスタルジアをガバガバとかき立て、おまけに、「ああ、おれもいっぺんくらいやってみたかったなァ。今からでは遅すぎるやろうかねェ」なんて、いやはやおだやかならぬ感慨を催さしめる（そうな）。

＊

なんのことはない。実は一昨年、当時三年生だったうちのボンが、近所の悪たれさま二人と相語らい、農家の老夫婦丹精のトマト畑にちん入して、まだ青く小さいトマトをちぎっては投げ、投げてはちぎり、文字どおり三つ巴の「合戦」を敢行した。これを称するに

「洛東トマト合戦」。本人は〝野球〟であったというのであるが、小生はこれを容れず、A対Bの戦いにCが介入し、あれこれやっとるうちに敵も味方もわけわからずの乱戦になり果てたのであって、世にもめずらしい「合戦」だと、まあ史家のはしくれらしくこれを斯様に命名した次第。とまれ、激戦は二時間ちかくにもおよび、まこと凄かった（そうな）。

さてと、その直後に苦情の申し入れがあって、妻は現場へと急行。積み上げられた大小とりどりの青トマトの山！　その総数たるや、なんと四百七十余り。一つ一つにつき金七十円の弁償請求をうけた。みごとに稔ったときの市場価格であるという。青いとか小さいとかいうのは、しょせんは、「作物」を作らない側のりくつである。

さてと、まあいろいろと曲折はございましたが、けっきょく三軒で均等に分担し、一軒あたり一万円ずつ弁償させてもらった。むろん、「教訓」も忘れはせん。すなわち、以下の如し。

「トマトがちゃんとできるまでは毎日毎日畑でめんどうみてはるのや。そやさかいに、よその畑にはいったらあかん。いたずらしたらあかん。ぜったいしたらあかん。わかったかァ」「うん、わかったよ」「そうか、そうか。そんなら、よろし」「ン！」

＊

かくて一件落着――であったが、そのあと妙なことと相なった。わが息子は、なんとなく笑うておる気配。えくぼもみせておるではないか。「おまえ、なにを笑うとるんや？」「あのなァ！」「ン？」「あれ、おもろかったわ」「……！」

要するに、わかっとらんのだ。〝闘う家長〟ちゅうのは昔はようけおったげな。今でも一人二人はおるかもしれん。天地無用――じゃないわ、その天地神明とやらに誓ってそんなもんでないこの私は、息子のひとことに小鳩のごとき胸をゆさぶられた。かわいいことをいう。

ご迷惑をおかけしてしまった老夫婦には申しわけもない言になろうが、「あれ、おもろかったわ」という息子のひとことのふくらみぐあいは、私たち都市部から近郊農村へ移住してきた夫婦には、妙に明るく、さわやかであった。正直のところ、私たちも、一件落着のころに、しかとはわからなかったが「やったなァ！」というたぐいの感想をもっていた。そして、五百個ちかい数の青トマトが空中を飛び交い、葉っぱの蔭に見えつかくれつする童の歓声が畑の中を走りまわるさまを想いうかべると、もはや二度と果たせぬ悪戯を思いつきりやってしまった息子が、心楽しい、少しばかり苦い味の想い出を創ったにちがいないのだと、いささか羨ましくもなった。私も妻も、こんな想い出は、持ち合わせていない。

＊

ところが！ である。この「合戦」一件を実録風に人に語ると、老いも若きも、男も女も、「やったねェ！」とか「やりましたわねェ！」とか、こちらがびっくりするくらいの感度良好さで反応し、まるで無垢に呵々大笑する。中にも、心やさしきお方は童子の如く、マナコ輝やかしつつ、声高に、「そりゃ君イ、未完の大器である」と、父なる小生をくすぐり倒し、片やにっくき手合いは、「ハハハ、あんたよりうわてでっせ」と、ひとこと多い。土佐の故郷の家が園芸栽培で生計を立てていて、とくに台風シーズンなどの苦労話をよく話してくれた学生が、他の数名の友だちといっしょに卒業式のあとにわが家になだれこみ、談論風発、そのまま約三十時間も微動だにせなんだ。このままだとわが家が乗っとられるんではあるまいかと心配になってきたので、「さぞやフンガイして早々に席を立ち、土佐へ帰って行くことであろうゾ……」なる一計を案じて、この話をしてみたところ、案に相違してその相好さらに崩れ、これまた「やったァ」とか何とか天井に向かって仰せられ、手を打って大笑い。ラーメンなぞ喰いつつ、そのまま翌日の夜まで居すわった。そのN君から、長居してしまってすみませんでしたけど、とてもいい思い出になりましたという礼のたよりがあり、「トマト戦争の勇士（この言やよし！）もお元気ですか」と言いそえられていた。追って届いたダンボール箱二つに、ピーマンとなすびがいっぱいに詰まっていて、私も胸にキュン！　ときた。

*

ともあれ、あの一件後、私たちは老夫婦ともことばを交わし、二、三日に一度は野菜をわけてもらう仲になった。お二人の被害は、けっして金額の問題のみにはとどまらず「作物」に注がれた苦労の数々と、それを「収穫」する日の期待が損われたことだった。息子は、夢幻の境を右往左往しつつ、それを奪い、そのことによって、かけがえのない興奮と愉悦のひとときを幼少時の想い出として心に刻みえたのである。

私たち夫婦にとっても、ちょっぴり苦くて、そしていろんな意味で貴重な「合戦」であった。たんなる買物でもなければ、とおりいっぺんの義務としての弁償にも終わらなかったのだ。それに何よりも救いなのは、一つ二つのトマトを盗んで、人目をさけて喰うというような事件ではなかったことだ。そのことは、子どもたちが飢餓状況――というと大げさだが、おなかがすいてたまらない、あれが喰べたい、これが欲しいといった状況を知っていないこととつながっていよう。食べものをどうみているかということでもあるだろう。子どもの人気番組に「八時だよ、全員集合！」というのがあるが、えてして、食べものを粗末に、乱暴にあつかう場面が多くて気がかりだ。子どもたちは、抵抗感もなく、その場面に大笑いする。もったいない！　という、食べものへの感覚は、幼時に「戦時」を体験した私たちにとっては、とても大切なものと思えるのだが……。あの頃、たしか〝当選〟した小学生の〝標語〟に「ぜいたくは、敵だ」というのがあって、おおいに流布した。それが、いま、全くちがった側面から迫りなおしてくる。

（禅文化研究所発行『禅文化』八〇号、一九七六年、所載）

○長男の京も、はや来春には中学生となる。二、三年まえから通いだした剣道塾には、いやがりもせずに重い道具袋を肩にかけて行っている。花大に虫や草花のことを勉強する学科のないのが、彼には不満である。（M先生、なんとかなりませんか？）

さは、さりながら……、トマトも高くなった。なお、文末ちかいところで引用した

「標語」は、どうやら「ほしがりません、勝つまでは！」であったらしい。訂正する。

渓流の春

ここ二、三日の曇天つづきのあと、今日の午後には陽光が窓外のいちじく・ぶどう畑の枝々をてらしていて、その枝々がかすかに風にゆれている。がまんしてみている校正刷の一字一字を逐う赤ペンが止まってしまう。山桜がほの白く大空に枝をさしのべ、真っ赤な椿が濃緑の葉に包まれていっぱいに咲き乱れている牛尾山の小径が、せせらぎの音といっしょに迫ってくる。ああ、もうたまらない、たまらない。長男の京の釣り竿のなかから、とりまぜ四本継ぎの竹竿を抜きとる。もとはといえば、ちゃんと二揃いあった継ぎ竿なのに、いつのまにか半端物になってしまって、継ぎの部分のうるしの色も赤と黒とが交互というとりまぜ竿になっている。これでも、むろん小魚は釣れる。あのポイントに行きさえすれば。

サシ虫は、このあいだの菖蒲池釣行で全部使い果たしてしまった。冷蔵庫をあけてみると、いつも私と息子のためにあるコーナーに、赤虫の小箱があった。それに残り少なくなったがイクラの粒。これだけでは不安だ。飯びつから一握りの飯粒を掌にとる。

やっこらさと、女房が新聞をみているうしろにあぐらをかいて仕掛けづくり。狭い居間でのことなので、女房のオイドが小生のオイドに当たる。「なにしてるン？」と女房は、いささかうさんくさそうな眼つきでふり返る。「いや、他意はない。釣りにいってくるわ」と答える。「ほっほう！　ぎょうさん釣ってきてね」と、私には、あるときには励ましにきこえ、あるときには皮肉にひびく例の発音を又しても行なって、彼女は新聞に眼を走らせる。次男坊の類を誘うと、入学式の疲れもあるのかマンガ本をみながら「ぼく行かへんわ。テレビ見んならんしな」と即答する。がきは一緒にいないほうが、釣果はよろしい。いつだったかこいつをつれて釣堀に行ったが、『釣りキチ三平』一冊を持参していたには参った。それはよしとしても、退屈したらしくて狭い橋をあっちへ、こっちへ、走りまわり、やれオシッコだの、やれオナカがすいたの、のどが乾いたのと、それはそれはやっかいであった。「じっと傍にすわっとれ！」と厳命を下すのであるが、向こうのオッサンの竿がしなって鯉が水面に音を立てて上半身をみせるとバタバタと駈けよって、「大きいなあ！　よかったなあ！」などと釣堀中にひびきわたるカモメ声で叫ぶ。向こうさんはよいわな。こちらの父さんはどうなる？　おかげで釣果は一尾のみ。それでも三十五センチはあった。

ともあれ、類くんが同行を断ってくれたは幸いである。いつもの如く、女房若かりし日に山登りやスキーに愛用せしというヤッケを着込み、古いハンドバッグに一切をつめこんで牛尾山への道を進む。顔みしりのがきどもが、にっこり笑いながら「オース」という。いつも私のビクを覗きこんだり、数匹の鯉の入ったビニール袋をしげしげとみてくれる子どもたちだ。私の名も知らず、どこの家のオッサンとも知るまいし、いつも釣り竿をもってフラフラ行くオッサンでしかないにもせよ、眼が合うとあいさつをしてくれる。いわば無名の〝英雄〟なのだ、この私は。

途中で、自転車にのってうしろからきた少年が声をかけた。「おじさん！　このあいだはありがとう」ふと見ると、いつかいっしょにフナ釣りに行った京の友だちのT君だ。「よもぎ団子、ありがとう！」「うん！」「また一緒に行こうか！」「うん、行くよ！」

＊

かくて、第一ポイントに到着。見知らぬ少年二人が来ている。とっさに「だめだ」と思う。この狭いポイントで三本も竿を出したら、かならずおまつりになってしまうだろう。でも、せっかくだからと思って仕掛ける。やや年上のほうがにじり寄ってき、ニンマリ笑って「おっちゃん、針を一本ください」という。このあいだ買い込んだばかりの小さい針を一本提供する。竿を出そうとしていると、年少のほうが「おじちゃん！　ぼくにも一つちょうだい」と言う。仕方なくもう一本提供する。年上のほうが歯を出しながら、「おじさん！」という。「うん？　なんや？」ときくと、「おじさん！　このご恩は一生忘れませエん！」と大きい声でいうではないか。嘘ではない。ほんとに私の耳のはたでそう言ったのだ。きもちのわるい子だった。少なからず気色わるくなって、糸を流してはみたが危ない危ないというわけで、おまつりに泣くよりは坊主（一尾も釣れないこと）のほうがましだと観念して、早々と納竿。「さいなら（さようなら）、あんまり遅うならんうちに家に帰りな」との教育的発言を残して、第一ポイントを去った。その直前、私は荷の片づけのさいに鋏を忘れた。年上のほうがそれを拾って、「誰かが忘れてはるわ」「ああ、それオッサンのや、返してんか」「あ、そうか」と私の手に鋏を渡したのに、けったいな顔をしてニタニタする。「なんやね？」というと「イチワリ、イチワリ」と言う。「イチワリ」とは……。「一割」であった。落し物を拾って届けると「一割」もらえるという、あのことなのだ。

すっかりイヤになった。この鋏の「一割」とはなにか。さっきくれてやった針二本のことは「一生」「忘れません」「御恩」であったはず。まさか家の子らも、よそでこんなことを言っていはすまいか、と、ふと影がさす。まさか。いや、釣りに立腹は禁物である。

*

第二ポイントに移る。第一から数十メートル上流の滝下だ。白い泡立ち。ここでは玉浮きの振動が〝当り〟と紛れやすい。眼前をカワセミが往き来する。ああ、今日もいるなあ。滝の壁面上部に穴があって、このカワセミはしぶきに翼を漏らしながら飛び出しては、飛び込む。いつもそうなのだ。瀑布の背後の穴の中には、きっとヒナが餌を待っているのだろう。真っ黒なくちばしをしたカワセミの姿を眼の端に収めながら、仕掛けを出し、イクラ一粒をつけて、川岸の深みに投じる。岸壁には雑草が生い茂り、ここでは、これまで来るたびに幾度も針を取られた。注意ぶかく、右手に竿を握り、やや水平に左方より右方に大きく振り、途中で引く。丁度、良いところに落ちる。この振り様ひとつがきめ手なのだ。振り足らぬと、余計なところを浮きは泳ぐし、振りすぎると雑草に絡んでしまう。あの川岸の深みに、きっとハヤが潜んでいる。その顔つきが瞼に浮かぶ。

いくどか振りこんでいるうちに、浮きがあらぬ方向に沈んでゆく。今だ！　竿を静かに上げる。勢いよく振り上げたら最後、上方に延び出る木の枝々に糸も浮きも針もすっかりやられてしまうのだ。危険は快楽とうらはらだ。

掛かった！　見なれたハヤがピンピンと糸の先で躍っている。上げた竿を左方に移して、安全な空間で手もとに寄せる。掌に入るハヤのヌルヌルした体軀。八センチはある。この感触。

かわいそうに、イクラのついた針を喉奥ぶかく呑みこんでいる。引き抜いたら、死ぬ。ハリスを長めにして切る。ビクに魚を入れ、ビクの首を捻って水中に沈める。ビクと網の中を、ハヤは脅えたように泳ぎまわり、やがてビクの底の方に静かに止まって、ヒレを動かしている。メスだ。一瞬忘れていた滝の水音が耳たぶを打つ。

また打ちこむ。泡の浮きたちに思いまどいつつ、そっと引いてみる。掛かっている！　水中を左手の安全なほうに引く。黒い魚影が走る。やっとこさ引き上げてみたら、魚はすでにいなかった。赤かったイクラは、すっかり白くなって、長く伸びたまま針先にぶらさがっていた。いちど釣り落としたあとは、渓流の魚は、アマゴもニジマスも〝当り〟が悪い。臆病といったらよいのか、警戒心がつよいといったらよいのか――。案の定、それっきりだった。

＊

ともあれ、春がきた。今日の入学式で、いちばん大きい声で「返事」をしていたのは類だったと、妻は声高に笑った。

（私家版『「私」の証明』一九七七年、所収、一九七七年四月八日）

〃無常の敵〃

…閑かなる山の奥、無常の敵競《きほ》ひ来《きた》らざらんや。その、死に臨《のぞ》める事、軍《いくさ》の陣に進めるに同じ。（兼好『徒然草』第百三十七段）

きのう、教務課の後藤慶裕さんから、一か月まえに電話口に出ていた人が、一か月のちの電話口には出ず、代わりの人にその人の急逝を告げられてびっくりした、と聞いてびっくりした。まんざら知らない人ではなかったこともある。「あすはわが身かも」と受け流してはみたものの、やはり気にかかる。

人の死というのには、大きくいって二つあるらしい。一つには、その人のような急逝。二つには、じりじりといのちの火を燃やし尽しながらの大往生。後者については、二十余年間もの病床生活の末に世を去った人の例もあった。そればかりではなく、彼の傍には、やはり二十余年間をすっかり看病に投じこまざるをえなかった夫人の「後半生」がくっついていたのである。〝無常の敵〟という奴は、たしかにいて、しかもずいぶんと意地のわるいやり方で私たちの身の上に迫ってくるものらしい。

＊

きょう、渓流へ行った。初めてのポイントを狙って、気もそぞろに谷におりたはよかったが、途中で履きものの鼻緒が切れてしまい、いやな気分をおし払って、谷づたいに釣りのぼった。見なれぬ谷間が、ときには広く、ときには狭まってつづいたあげくの果てに、私は退くこともできず、進むこともできずという、大変な場所に身をおいてしまった。そこまで行きえた上は、元に戻れるはず……というのを机上の空論と称する。ロック・クライミングではないのだ。一筋のロープもなかった。そんなものは、ふだん要らなかった。

あとのことは、はっきりとは覚えていない。道具をしっかりと身につけて、手に触れる草木の根っこのたしかさと、爪先かけた岩の割れ目のたしかさだけを頼りにして、ともかく前へ、ともかく上の方へと進んで、やっとの思いで谷の上の道にはいでたものである。時計をみたら、行き詰まってから約一時間をへていた。足を滑らしても、握りしめた草木の根が弱くても、身体は只ではすまなかったはずだ。万一のことがあっても、当分のあいだ私は見つからぬままであろう。深い茂みにおおわれた深い谷の底でのことなのだから。

正直いうと、はい上がって行く間、いくどか私はデスペレートな想いにも襲われていた。「人間」誰しもが、危険に直面したとき、終始一貫、いつも果敢に立ちむかえるとはかぎらない。不安―失意―希望の連環をいくどもとおりぬけて、そして、そのことをつうじて自分のこころのかたちにあらためて眼をひらかれながら進んでゆく。

あれこれと策をつくし、想いわずらいながらも、私は鼻緒の切れた履きものを足の甲ごと、ありあわせの紐で固くしばりつけ、少しでも歩きやすいようにしていたし、木の枝や根をつかむにも、岩に爪先をかけるにも、いたってまじめで、慎重であった。じっとしているわけはなく、後退しにくいとなれば、しょせんは前へ進むほかはない。生きつづける気はたしかにあるのだし、それに、ちょっとしたアヴァンチュールが、私の心身を若返らせてもいたわけだ。

道ばたの石にへたりこんで、タバコを一服したときは、みんな嘘みたいだった。安心して谷底をみおろして、ぞっとした。まちがいなく、はるか下方のあの谷にも、〝無常の敵〟は群生していて、孤独な釣り人をじっと見まもっていたのだ。鮎釣りにでかけた男が、深みにのめりこんでそれっきりだったという記事が、つい数日前の新聞にあった。

少し歩いて、こんどはいたって楽そうな谷におりてみた。子らもきたことのあるポイントだ。澄みきった岩蔭の水の底に、二十センチばかりのアマゴが一尾みえていた。用心ぶかく竿をさしのべたが、ほんのちょっと、私の毛鉤に関心を示しただけで、かれはとりあおうとしなかった。釣れずじまいで竿を納めて、山道をくだった。

釣り人の、釣り落とした魚のことや、危険の話など、人は大して信じない。

あのアマゴの奴、せめてものこときょう一日は〝無常の敵〟から身を離して、生き永らえたのだ。


（私家版『「私」の証明』一九七七年、所収、一九七七年九月一日）

「一所不住」の夢

どうやら、この私には「一所定住」が不得手らしい。一か所に永く居すわっていると良い仕事ができなくなるだけでなく、体の端々から腐臭がたちこめてくるような幻覚に襲われる。「いや、そうじゃない。じっと腰をすえて粘ってこそ、少しはましな仕事もみのるのだ……」と、いちおうは自分に言いきかせたいわけだが、そしてまた、じっと腰をすえて地味に努めて良い仕事を成し遂げた人も多いと知っているはずだが、その一方では、そうはできずじまいで安逸と腐敗のなかで骨までたるんで行った人の数のほうが圧倒的に多かったのではないかと思われてならない。人間が一つの生涯をともかくも生きぬいて、果たしうるものは、いったい何なのか。

＊

四十の坂、ということばが通用するかどうか知らないけれど、たしかにこの年頃には心のかたちも、からだの調子も変わるらしい。からだが言うことをきかぬ分だけ、なんとか気力で粘ってみようとする。そのことがまた、からだに無理をさせやすい。老い、ということまでは程とおいと思いたいのだが、やはりそれはかなりの急ぎ足で近寄りつつある。

このあいだ、近くの谷川に脚を浸しながら釣竿片手にさかのぼって行った。数匹のハヤを釣り上げたあと、アマゴ針をつけた竿先がぐうーっとしなり、糸が水面を切りとるように左右に走る。心して引き上げてみると、十五センチばかりのニジマスだった。この谷川では大きいほうだ。美しさということではアマゴに劣るけれど、これはこれで素敵な体躯をしている。図にのって、もう少しさかのぼってみるかと、歩を進めた岩場で足を踏みすべらして、竿と魚籠を両手にしたまま水中に落ち、首までつかってしまった。足先は辛うじて水底についたが、右手のひじと右足のひざの横をトントンというふうに石で打ち、そのままドンブリコドンブリコと本年度初泳ぎとあいなった。必死で岸に這いあがったのだが、ふと気づくとずぶ濡れのまま竿と魚籠とをしっかりと握っている。ハヤくんもニジマスくんも無事である。われながらおかしくなって笑えてきた。鼻先を、水面と枝々とを縫うようにしてカワセミがツツーッと飛んで行く。くちばしの真っ黒な、可愛い鳥だ。

今日もまだ、ひじとひざの辺りにはかすかな痛みがのこっている。その話をしたら同僚のK先生は、ハンドルを握りながら呵々大笑して、「気ィつけんとあきまへんで。そのうちに腕も上がらんようになりまっせえ」とおっしゃる。腕とはテクニックのことではない。正真正銘の腕のことだ。こわい話ではあるまいか。

*

釣堀では、ここだ！　といったん決めた場所は動かない。うろうろと、あっちへ行ったりこっちへ来たりする手合いもいるが、あれじゃ駄目だ。がたがた移動したって始まらないのである。だから「一所」にじっと座わりこんで、底を探っては浮子を上下させ、エサの世話をする。浮子をみつめること十分、十五分、二十分――。ほんのわずか、浮子が上下する。くるぞ！　ひといき入れて次のチャンスに合わせて引く。掛かったではないか。鮒はまっすぐに寄せられるが、鯉は前後左右に走りまわる。握りの力を加減しながら苦心さんたんの末、やっとこさ玉網に取りこむ。嘘ではなく、ほんとうに胸がコトコトと鳴っている。いちばん多いときには、小一時間で六、七枚、それも四十センチ前後のが上がった日もあった。

いつしか、私は釣堀行をやめてしまった。けっこう代金がかさむ辛さもあるのだが、やはり「一所」にじっと粘るのは、私の本性には合わないらしい。ポイントを探りながら、せせらぎの音を耳にし、水ごけに足をすべらしつつ渓流をさかのぼって行くのが楽しい。息をひそめ、背をかがめて、そっと竿を出す。焦らず、一心に竿をさしのべて、水流に仕掛けをゆだねながら遊んでいると、きっと魚信はある。眼の行きとどかぬ世界に魚たちは必ずいるのであり、いるからには魚信を送ってくれるのだ。魚信がなかったら、仕掛けと流し方が「自然」に合っていないのである。それでも駄目なら、別のポイントを求めて移って行かねばなるまい。「一所不住」で。

*

仕事の場を転々とするごとに、私は自分の研究主題について何か新しいものを得させてもらったようである。その感慨があらためて深まるのも、いいたくもないがやはり歳のせいなのか。だが、それはそれとして、「大学」という世界は、たしかに一つの〝楽園〟であった。この花園大学についても、給与は低かったし、図書・設備も不十分をきわめた。アクティブに言動すれば、むろん仕事は増え会議は迷走しがちだった。矛盾は、えてして若手の層に集中し、研究者に不可欠の「時間」を奪取し去る。帰宅して机にむかっても、床についても、まるでトイレの中までも「道徳」が追いかけてくるがごとくに、「花大」

は追いかけてきて離れない。その気の重さに耐えることを「花大教員」たるものの誇りとし、跳躍へのバネに転化したいし、できるはずだ――というのが一人の若手の念願であった。しんどい「大学」であったけれど、また、なまじっかの研究者ではつとめきれないはずの「大学」であったけれど、それでもここは、やはりすてきな〝楽園〟であった。

すべてを過去形で語るのには、他意はない。大事なのは、これからのことだ。「大学」の教員であり研究者であることのほんとうの意味は私の中でもまだ煮つまっていない。案じられるのは、一研究者としてのいっさいが野ざらし、陽ざらしにされてゆくとき、自分は何によって「大学」の「先生」たりうるか、ということだ。いや、たとえそうなっても、定年まで地位は保障されよう。ほんとうの恐ろしさ、薄気味悪さは、その辺りにも身をひそめている。

（花園大学学生部委員会編集・発行「花園大学学内広報1」一九七七年七月十四日刊、所載）

京都幻像・その後——北陸富山にて感じたこと

ちょうど八年前、一九八一年早々に、京都東郊の寓居でしたためた小文が活字になったことがあった。「京都幻像——ある小宇宙」（岩波書店『文化の現在4中心と周縁』所収）という。幸か不幸か、人々の歯牙にかかること至って稀なそれは、私が初めて自主的に綴り出した京都論の試みであり、既往の歴史書や随筆や観光案内書の数々に教わりながらも長年にわたって胸中にわだかまっていた全く別な京都像についての、一連の著述の起点となるはずであった。もっとも、それまでの私にとって京都に住む—生活するということでは、結局は生まれてから三十四、五年住んでいた下京区の南部での生活歴が一番長く、その後、東山連峰を東へ越えて山科区（当時東山区）に居を移したものの、地つきの農家や植木屋の人が「京へ行く」とか「町へ行く」とか話しているのを耳にしながら、一般に「京都は……」とか「京都では……」と言い習わしているその「京都」なるものの範域についての大いなる疑問から出発せざるを得ず、やや大袈裟にいうと、東山（山科区では花山《かさん》で通っている）をひょいと跨いで居を移しただけで大きく変わる景観認識、それにともなう生活感覚の転変というものは、私には一つの驚きであった。そこは、実に「京（京都）」ではなかったのである。そういう思いもこめてあの小文はできていたのだが、末尾に近い辺りでは左のように述懐していた。

……十年が二十年、二十年が三十年になれば、いったい事態はどのようになるものか。また数キロの距離が百キロになり千キロになったら、私の中の「京都」「町」像はどのように変わるのであろうか。

生まれて以後、ごく僅かな期間を福井県若狭地方の農村部で過ごした外はずっと京都市にいた私にとっては、下京区と山科区とでの生活体験しかなく、いっそ遠くの土地で暮らしてみたいという、そういう潜在願望がうごめいていたようだ。いささかならず「京都」に倦んでもいたのである。

足かけ三か月の入院生活で病癒えたあと私は、思いがけぬことに富山市内に職を得ることができて、同年十二月一日付で単身赴任した。京都からは湖西線経由の特急で片道約三時間十分、約二八五キロにしかすぎぬ。ちょっと中途半端にも感じたが、〝筆一本〟の雄図空しくあっけなくダウンしきっていた自分としては定職は有難く、それに福井県そして石川県のまだ向こうの富山県……というので、不安はあれど興味津々であった。図書・資料については不便になると推量して、蔵書は九分九厘、研究室とマンションとに運びこんだ。

ところで、それに先立つ同年の冬・春はいわゆる〝五六豪雪〟で、その物凄さについては今日でも雪の頃には体験者の口の端にのぼるのだが、私の場合は年明けて数日たってから本格的な積雪となり、降るわ、降るわ、一夜の内に四、五十センチくらいは軽く積もる様子には、さすが雪国……と吃驚したものだったが、「前の三八豪雪に比べれば、こんなもの屁のカッパ」と、これは「旅の人」たちの専らの定評であった。

いま、「旅の人」と書いた。地元では「旅の者（もん）」ともいう。そういう言葉で「よそ者」を差すということを赴任直後に初めて教えてくれたのは、すでに在職十数年の他府県出身の同僚であった。古風な土地柄やなあ……とびっくりした。すぐに懇意になった夕バコ屋のおばさんにその話をしたら、「う〜ん、たしかにそう言うがいねえ。だいたい二十年居ると地元扱いになるかねえ」とのことで、気が遠くなりそうであった。この点では、京都市内のほうが同化力は強いと思った。どこから移ってきた者でも、せいぜい五、六年で飲み込んでしまうはずである。

マンションからは自転車を愛用した。神通川にかかる三百メートル程の富山大橋では狭い歩道の雪の上を押して渡ったが、ある日、自転車の後輪の空気が抜けてしまい、最寄りの自転車屋で空気入れを借用、「料金はいいか」と尋ねたら、「十円貰っとこう」と言われて驚いた。こちらの感覚では「あ、いいよ」と言われるものと信じ込んでいたのである。空気入れを借用して代金を取られたのは、あれが生まれて最初だった。お愛想で尋ねたりしたのがかえって仇となり、妙な富山観の一原点となってしまった。後悔している。

これも局部的な印象であるから全般的だなどと誤解されるのは困るのだが、私は妙に散髪屋嫌いで、ついつい髪が襟首の辺りまで伸びがち、冬場は寒がりなので毛糸の帽子を被り、その下から髪の毛がはみ出し、時には無精髭も。おまけに息子譲りのアノラックという風体である。役所の窓口に立つと、係員は多少うさんくさげに一瞥するが職業が分かると応待は俄に変わる。同じようなことは企業の受付でも、更には自分が講師として呼ばれた講演会場の受付でさえも、時に感じたことである。

学生に急用ができる。自宅に電話する。誰も出ないか、お年寄りが出るかである。後者の場合はほとんど要領を得ない。夫婦共稼ぎ家庭が実に多い。夫も妻も、自分自身の仕事を持つというのは悪いことではなく、むしろ望ましいことであろう。学生はどこかをほっつき歩いているのであり、両親は外で稼いでいるのであるから、夜、自宅からの市外局番電話で、やっと用件が伝わる。そのように夫婦が一生懸命に稼いだ金は「預金額日本一」の名誉とともに蓄積されるが、その多くは冠婚葬祭に惜しみなく注ぎ込まれてしまう。いつだったかタクシーの中年の運転者にその話をしたら、ハンドルを握りながら「あはは……」と笑って、「ついこの間、三百万ばかり使ってしまった」と言った。長女の嫁入りの一切合財の出費であった。「まだ安上がりで、助かった方だ」とも。驚いたのはそのあとの話で、彼にはまだ二人も娘が居るとのこと。それから程なく金沢駅前から乗った個人タクシーの老運転者にその話をしてみたら、即座にこう言ったものである。「お客さんは関西の人でしょ。私らは生まれも育ちも金沢なので、富山から嫁・婿は取っても、富山には行かせない。嫁・婿を富山にやると、アフターケアが大変だ」。逆に「富山から嫁・婿を迎えると、実に念入りに付届けが来るので結構だ」という。勝敗は見えている。懇意になった古書店の大将（それも「旅の人」）にその話をしてみたら、そういえば吃驚したことがあったという。ある日、会社員らしい中年男が店に来て、「富山県の冠婚葬祭のガイドブックは無いか」と聞く。そんなものは無いので「どうしてか」と尋ねたら、「富山市内と氷見《ひみ》方面とでは、仕来りが相当違うようで、よそから富山市に来ている自分には到底分かりにくい形で、それとなく先方から儀礼的贈答行為の即時実施をほのめかされるのだが、どうして良いのか分からず困惑している」由であったという。因みに湾岸の氷見地方は、富山県内でも格段に儀礼的贈答行為の鄭重なる土地柄だと地元市民の誰彼がいう。そのような話題を同僚の地元出身事務官に仕掛けてみたら、「う～ん、どう言うんかねえ。自分でもおかしいとは思うんだけど、県民性が必要以上に見栄っ張りなんですよ」との返答であった。「まわりがするから、節約は不可能だ」とも。地元出身の学生たちも同感だが、これが土地の気風というものであろうし、世代は替わっても当分はこのまま続くと思う。結婚する若者には「持ち家率日本一」の世界での家付き新所帯は、やはり魅力なのだから。

数年前に、待望の能楽堂が竣工した。私にとっては大好きな能・狂言を観賞する機会がすっかり遠のいていたのは残念至極であったから、催し物の案内を見て出掛けた。富山駅前からバスで約三十分で到着。富山空港の目と鼻の先である。ビルに入ると総ヒノキづくりの能楽堂の木の香が立ちこめていて、さすが十数億円の県費が投じられたというだけに実に見事な能楽堂である。終わってバス停に行ったが、なかなか来ない。無理もないことに、バスは一時間に一本くらいしかなかったのである。一旦、喫茶室に戻り、お茶を飲んで時間待ちして、やっと帰れた。ほとんどの観客は、車で帰途についていた。いわゆる「地方の時代」の掛け声の中での「都市再開発」の一端であったが、どうしてもっと交通の便のある場所に作らなかったのかと、怪訝であった。しかし、車族にとっては、駐車場も広く、なんの苦情も無かろう。車の有る無しは、よろずに決定的とも言える。この地の風土・人情には馴染み難いと述懐し、愚痴満々の「旅の人」たちに於いてすら、この地の大自然の素晴らしさとか、水・海産物の抜群の美味さ加減とか、全国有数とたたえられる程に多い祭礼・行事の見物の楽しさとかは客人に対しては自慢の種であるが、車が無いと余分の時間と金がかかってしまう。「国際村」の利賀村《とがむら》に一夏やってくるのは、その多くは避暑を兼ねての東京人であって、ただ一度、真冬に学生に引率されて行ったきりの私にとっては、寒々とした雪のまっただなかの山村の一つにしかすぎず、米・ミニイチゴ・赤カブの栽培や山菜取りで生計を立てている民宿の炉ばたで、しきりにクシャミをしていたのであった。富山の人は、こういう愚痴話を極端に嫌う。そのくせ、利賀村などには、生まれてこのかた一度も行ったことは無いとも言う。富山県内の「僻地」の一つにすぎないのだし、ふだんはそう思っているのだが、いわゆる閉鎖的なイメージと重ね合わされての富山批判イコール悪口としてのみ聞こえ、ひどく不愉快にさせてしまうらしい。「遠慮なく聞かせろ」と言われて初めて重い口を開いて遠慮なく言い立てると、ムッとされたり、激しい反論が返って来たりする。だから、言わなくなる。

富山市には呉羽丘陵が海の底までも伸びていて、保護するに値する植生の宝庫だという。それも、数年前に地元にいる学者文化人・自然環境保護団体の反対をなし崩しに押切るやり方で、自然保護の要になる一部分が開発されてしまった。「素晴らしい富山の自然は、末長く富山の宝だと思って頑張ってきたが、地元民は聞く耳を持とうとはしてくれなかった。もう、駄目だ」とは、その当時に聞かされた「旅の人」の友人の言である。「よそ者に分かってたまるか」という気概の重さも分からぬではないが、よそ者なればこそ見えてくる富山行政の矛盾というのも確実にあり、「京都」にとっても同様ではあろうが、聞く耳の穴を広げてみてほしいのである。

その呉羽丘陵を境として、同じ富山市でもいろいろと違うということを知った。老人は、向こう（高岡文化圏）とこちら（富山文化圏）とでは、言葉のイントネーションが違う……

とまで言った。前者は「呉西《ごせい》」と称され、後者は「呉東《ごとう》」と呼ばれる。富山市街からは呉羽丘陵の切り通しの坂道を越えて「呉西」に出る。イントネーションのことは学生たちには既に判別はつかなくなっているが、「高岡というと、なにかしらちょっと違うみたい」と富山の自宅からの通学生の何人かが告げていた。観念的には、富山↓高岡↓金沢の路線は、なだらかな上り坂をなしている。その方向に於いて土地柄のランクは高まる。年に一、二度、高岡・金沢に行くが、いつの間にか古風な家並みの中に身を置いている。高岡・金沢そして京都も、共に戦災を被らずに済んだ町であるが、富山の空襲による被害は甚大であったと聞く。古風な城下町の町並みを含めて、風情を奪われたのであろう。町中では、やたらと京呉服・京風一品料理の看板は目立つが、若者はファッションの買物だと高岡からでも富山からでも車を駆って金沢に走る。その先には京都があり、東京が屹立する。富山駅とその界隈は登山客・スキー客の時間待ちの場所にしかすぎず、そこからバスでわざわざ県立近代美術館に行こうとする人も多くはないと仄聞する。こういう地方都市では、県内・県外の何処から来ても交通至便の所に文化施設があるのがいいのではないかと痛感するが、地元の判断はまったく逆で、こんどは立山連峰山麓部の小さな町に、かなりの予算による県立の郷土資料館の設立計画が進んでいると聞く。雪国なのを逆手に取ろうとする行政の知恵も大切ではあろうが、しかし年々の積雪量の減少は、当地自慢の魚介類・農作物・酒の味の未来にも関わることとして、人ごとならず不安を誘う。

ともあれ、井の中の痩せ蛙が富山に飛んで、七年余に随分のことを教わった。まもなく帰って行く山科で、再び富山と京都とについて考え直してみよう。

さようなら、富山。

（三省堂『ぶっくれっと』七九号、一九八九年三月刊、所載）

花橘《はなたちばな》をうゑてこそ
——京・隠喩息づく都

三省堂刊　1993

都忘れの京語り——序に代えて

誰にも、好きな花というものはあるらしい。そういう話になると、ふだんは表面にみえていない人それぞれの心映えが浮かぶようで、面白い。私の場合は、だいたい大振りの花よりも小振りの花が好きで、あえて一つだけ選べといわれたら、桔梗《ききょう》だと答えてきた。それも、紫の。

でかい花といえば、ひまわりもその一つだが、これはもともと好けない花で、近くでじっと見ていると軽い眩暈を覚えるほうだったのに、三十代半ばのある日、映画館の暗がりの中で変節した。『ひまわり』による（一九七〇年、監督＝ヴィットリオ・デ・シーカ、出演＝マルチェロ・マストロヤンニ、ソフィア・ローレン、リュドミラ・サベリーワ）。封切り館、京都スカラ座のスクリーンいっぱいに広がったひまわり畑の光景——。この映画狂に出会って、ひまわりという花は固定ファンを一人ふやしたのだった。ヘンリー・マンシーニの音楽にも酔った。まだ若かった。

まっすぐ背高に立つ花の一つに、立葵《たちあおい》がある。毎年暑くなると、そこかしこの家々の庭から顔をのぞかせていて、こちらは自転車の速度を緩めて視界に流し収める。一九四一年にかよっていた高倉幼稚園（京都市下京区）の園内、石垣沿いに、これがたくさん咲いており、早くに名を覚えた花の一種だった。幼時に受けた刻印は深い。その年の師走、朝礼で園児一同は、法衣姿の園長先生から「大東亜戦争」という戦争の呼び名を初に告げられたと記憶する。東本願寺直系の園で、こんにちも健在と聞くが、立葵のことは知らない。

＊

ところで、木や花に事寄せて文を綴り出すのは、格別に自分が個々の樹木や花そのものに対していつもいつも深い関心を抱いてきた人間だから——というわけではない。京都という故郷と自分との関係にこだわり続けてきたことが根っこにある。それをたどるために樹木や花を借りたまでで、気分が違っていたら、鳥であろうと虫であろうと魑魅魍魎《ちみもうりょう》の類であろうと、なんでもよかった。なにかを手掛かりにしながら、京都という強烈な磁場が隠し持ってきた意味を、手もとに手繰り寄せてみたかったのである。
だが、その「なにか」は、「人間」であってはならなかった。これは、ややこしい。言葉になるものではない。人間以外のものに託して綴り出してみるのが適切だと、私には思えた。だから、素材は何であろうと、語りたかったのは、隠喩としての「京都」であり、「私」は誰なのか、ということだった。そう思えば、色とりどりの花弁ひとひらも、緑したたる木々の一枝も、おのれと生々しい関係に立っていた人間たちの面影、それの身代わりなのである。そして、そうまで言ってしまえば、一杯機嫌で幼子を膝にのせては
　高い山から谷底みれば　瓜や茄子《なすび》の花盛り……
と歌っていた亡父の渋い声色が耳たぶに蘇る。たしかに、谷底の畑に転がったり吊り下がったりしていた瓜や茄子にも、実を導く花はあった。

＊

本書は三省堂宣伝部発行『ぶっくれっと』に連載された「京・隠喩息づく都」（八八〜九九号、九〇年九月〜九二年七月）の各文に補訂を加え、一部を分割再編し、新稿一編（十二「法性花」）を添えて、だいたい四季の順を見計らって配列し直したものである。

ふり返ると、京都に関する一書をと勧められたのは、もう十四、五年も前のことであった。『シンポジウム　差別の精神史序説』（三省堂選書、一九七七年）の企画で知り合った松田徹氏による。遠からぬ時期にそういう仕事も果たせようかと気楽に引き受けたものの、いつものことだがたやすくらちは明かず、いたずらに歳月を重ねるうちに、「京都幻像——ある小宇宙」という小文を綴る機会を得て、幼少時よりずっと胸の内にうごめいてきていた〝京都と私〟を少しばかり掘り起こしてみた（八一年三月）。それは、それぞれに個性の輝きを放ついくつもの京都論に比すれば蚊の羽音にもひとしい作品だったが、胸底で故郷の歴史と自分の閲歴とを重ね合わせ擦り合わせる試みであり、筆先に漏らしてよいことと、漏らしてはならぬこととの狭間に終始身を置くこととなって、いささかならずきつい営みだった。偏屈な京都論ではあったが、あのようなやり口で「京都」を語ってみた仕事は、いわゆる自分史の試みの数々を除けば、後にも先にも嘱目していない。

ちなみに本書の随所には、若狭と越中富山とが見えつ隠れつする。それというのも、しょせんは前者が幼少時の自分の心を育んだ数多の民俗と古風な人情の森であり、後者が、長年にわたって馴染みきっていた故郷京都の本質を、中年のおのれの内部に、冷徹に、かつ批判的に発見させた海だったことによる。

「京都幻像」から程なく、八一年の師走に富山市へ赴任し、同地で京都を見直したり考え直したりする営みは、以後七年余のあいだ不断に続いていた。知らず知らずのうちに、富山の文化と京都の文化との比較に明け暮れていたのである。そして、その両者の間には、ときおり足を運ぶ金沢の文化が登場していたし、さらには幼少時の福井県若狭地方での生活体験の記憶までもが鮮明に蘇って、連結した。京都を起点としながら、日本海に面する北陸方面の文化のありようというものが、自分の中で生命を主張するようになったのだと思う。

そのような体験は、私にとっては全く新しいものであった。生来の好奇心、詮索好き、ディテール固執癖もあって、関心はよろずに瑣末事へと及んだが、しかし、それをごく当り前のこととして日々重ねているうちに、生活実感の現場としての故郷京都は、私から次第に遠のいて行かざるをえなかった。樹木でいえば〝根が抜ける〟ということなのであろう。諸般の事情で家族は京都に残って踏んばってくれていたが、明け暮れそこに住むのと、せいぜい三、四十日に一度、家族との顔合わせに慌ただしく特急雷鳥号で往復するのとでは、土台違っていた。だからといって、富山生え抜きの人のいう「旅の者《もん》」（旅の人。よそ者）でなくなったわけでもない。京都の町は、五、六年もすればよ、そ者を呑み込んで馴らしきるが、彼の地では二十年もの歳月を要するのだと、他県から嫁いできたという煙草屋の初老の主婦から聞かされたのも、その表情や口調とともに、いまだに記憶に新しいことである（横井「京都幻像——その後」、『ぶっくれっと』七九号、一九八九年三月）。

＊

さて、帰郷してすでにそこそこの歳月が流れ過ぎてもなお、つれあいの好きな花の名にかこつけていえば〝都《みやこ》忘れ〟の妙な気分は続き、その気分のままで思いをめぐらしながら連載の形で京語りを試みたのだったが、京語りとは、京談《きょうだん》の語とともに京言葉（京都弁）の古称とか。古い言葉には妙味がある。

書名とした言葉は、好みの左の一首から、無粋なやり方で引き抜かせてもらったものである。

我《わが》やどに花橘《はなたちばな》をうゑてこそ　山ほとゝぎす待つべかりけれ　（西行法師『山家集』上　夏）

一　松

昨今の京都の町なかを、ゼミの学生たちとともに久方振りに見て歩いた都市史専攻の同僚がいうには、「古い町家がめっきり減った……」と。根っからの大阪人であるが、以前にはしばしば入洛して、お好みの古い町並みを散策するのが楽しみであったらしい。彼のいうとおりで、もう何年も前から、町なかでは小振りのビルが増えたり、妙に風通しがよくなったりしている。ご多分に漏れぬ地上げ屋の噂もあるが、ポッカリと不意に出現する洛中の空地というのは、たいがいはそのためではなくて、古い木造家屋の老朽化によるものが圧倒的に多いゆえだと聞く。さもありなん、である。なにしろ一八六四（元治元）年の禁門《きんもん》の変（蛤御門《はまぐりごもん》の変）で兵火のために大損害を蒙って以来、この町には大きな火災も、地震や台風による家屋群の大被害もなかったのだから。

十字路の角屋《かどや》がいつの間にかビルに変じていて、それまでは街角の木造家屋の目に立つ所に打ち付けられていたはずの「仁丹」広告入りの細長い「地点表示」がなくなっており「え〜っと、ここは？」と立ち止まって、きょろきょろ辺りを見回してしまったのは、半年ばかり前のこと。ゆえあって随分と長らく交渉の途絶えたままだった親戚に不幸があり、知らせを受けて上京区の葬儀場に行っての帰り道。その仏さんが生まれ育った屋敷のたたずまいには私自身にも終生忘れ難い幼少時の思い出が刻み込まれていて、行こか戻ろかと、いささか逡巡しながら道をたどったが、まちがいなく此処だと確認したその地に、屋敷は跡形もなく、月極めの駐車場に変じていた。とにかく呆然としてしまい、喪服姿のままでぶらぶらと町なかを歩いてしまった。高い板塀のあの屋敷は、かすかな記憶の中に朧げに生きつづけようが、記憶の世界の一角にポカンと穴が開いたふうで、しばらくは、自分が何処をどう歩いているのか、確かめてもいなかった。がんらい、京都の市中で迷うというのも久方振りの体験であった。

記憶の中のあの屋敷内には、高塀の上から表へ枝を見せる「松」があった。むろん、これは珍奇な現象などではない。いつでも何処でも見かける光景だ。曰く、「見越しの松」。

＊

この「見越しの松」というと直ちに、先ごろ亡くなった春日八郎さんの往年の大ヒット曲「お富さん」を思い出してしまう。少年時代、お町内《ちょうない》での夜の盆踊にはこの曲のレコードが繰り返し繰り返し鳴らされた（どうしてか、レコードをかける……とはいわなかった）。歌詞の中の「見越しの松」というのも、「松」だとは思っていたものの、てっきり「神輿《みこし》の松」と信じ込んでいたのが今でもおかしい。お町内の住人には、東本願寺別邸枳殻邸《きこくてい》（渉成園）の艮角《うしとらのかど》の小さな空地に軍鶏《しゃも》を放っていた闘鶏狂の河内出身者や、近江から出てきていた家族がいたこともあって、「河内音頭」「江州音頭」も、いやというほど聞かされたものだが、ともあれあの「お富さん」の歌は、我が身体髪膚の隅々にまで浸潤しきり、今日もなお脈々と生き続けて、ヒョイと引き金が引かれると不意に手拍子とともに口が勝手に喚き出すのである。恥ずかしいことではあるけれども先般「日本文化研究Ｉ」なんていう堅い名の授業で、何かの拍子に「見越しの松」の語に言及したとたん「お富さん」の話へとうっかり飛び火し、即座に、最前列にいつもいる哲学愛好の生真面目な男子学生が普段になくニヤッ！　と相好を崩したかと思うと、突如机の端を調子よく片手で叩き出し、こちらはそれに触発されてマイクの入ったまま大声で歌い出してしまった。好機至れり……。

粋《いき》な黒塀《くろべい》　見越しの松に
仇《あだ》な姿の　洗い髪
死んだ筈だよ　お富さん
生きていたとは　お釈迦様でも
知らぬ仏の　お富さん……（以下、割愛）

五十代〜六十代の社会人聴講生数名も同席の、昼前の教室でのことだが、あれには胸がスカーッとした（読者も歌っているのが、聞こえてくるようだ）。
昔は随所に見られたその「見越しの松」が、町なかの通り（道路）から次々に姿を消している。松を伴い、枝を覗かせていたふうの板塀の家屋敷が、少なくともそのぶんは確実に消えたわけであるが、同僚が一驚した京の町並みの変貌ということには、そういう光景も含まれる。

＊

大晦日には、借家人ばかりの小さなお町内の家々でも根つきの小松が用意され、ほっそりした身を半紙に包まれて水引きの懸けられたそれは、門口の柱の下方に付され、上方に吊される注連飾《しめかざり》とともに、新年正月を迎える人々の気持ちの証《あかし》とされた。物心ついて以来、毎年毎年見慣れていたその習慣の意味については何一つ知らず、大学で日本史を学ぶまでは、ただ、お正月なのだから当り前のことなのだと、そう思い込んでいた。その年の内に不幸のあった家ではお飾りは差し控えたが、やれ新年だ、やれ正月だなどと、浮き立つわけにはとうてい行かぬその家の家族の沈んだ気分を思えば、ごく自然なこととして了解できたのである。

しかし、そのような特別な事情もないのに正月のお飾りを省略するのは、「まわり」という名の地域社会では恥ずかしいことであった。なぜなら、お飾りを略すのは明らかに「異例」の表現であり、実際にその経験はなかったが、もしそのようにしたならば、何かあったのでは……という、「まわり」からの直線的なまなざしを引き寄せるのを覚悟せねばならなかったはずだ。他の大都市での生活体験がないから比較できぬが、若い頃、他府県出身の先輩が「京都は大都会だから云々」と語ったのに対して、「京都の町の中での日常には、まるで田舎で暮らすようなしんどい面があって、それが気になり出すと飛び出したくなることがある」と言い張ったことがあった。論理的に説明できる問題ではなく、いたって感情的、情緒的なレヴェルでのことにすぎないのだが、あれはいったい何によることであったのか。いまだに良くは分からない。そのうちに忘れてしまうのだろうか。

＊

ところで、「松」の名は「待つ」から出たともいわれる。神を待つのだという。

ここで語源についての諸説をあげつらうほどの知識はなく、国語・方言学の門外漢がこの種のことに下手に深入りするととんでもない泥沼に足を突っ込みそうなので避けるが、それにしても「神を待つ木なので松である」という説明は、なるほど……と、この私にも分かりやすく微笑ましい。かれこれの雑知識を、それこそ竹箒か熊手かで掃き寄せて浜辺の白砂の上に盛るように盛ってみても、お正月や慶事にさいして床の間に懸けられる画軸の、白髪の尉《じょう》と姥《うば》の傍に描かれた松、能舞台の鏡板に描かれた松や、橋掛りに添う一の松、二の松、三の松、各地の祭礼の山鉾や山車《だし》に伴う松、そして正月の門松というぐあいである。

千歳の齢《よわい》の松は神の依代《よりしろ》の一つとみなされたのであって、門松もそうであった。よく引

かれる平安末期の歌謡集『梁塵秘抄《りようじんひしよう》』(巻第一、今様《いまよう》、春、12)の

新年春来れば　門に松こそ立てりけれ
松は祝ひのものなれば
君が命ぞ長からん

という今様歌は、平安中期には「新年春」の「祝ひのもの」、「命」の「長」きを寿《ことほ》ぎ祝う営みとして既に門松を立てる風習があったことの証とされるが、そういう寿祝の心は、さまざまな雑芸能者に担われた、さまざまな芸態の寿祝芸——それの母胎として中世を貫き、近世を歩み通し、近・現代にまで滔々と伝流した。若い頃の私がそうであったように門松一つの秘める意味を知らずに眺める若い人々が、何かしら年の初めを迎えて気持ちの改まるのを感ずるならば、併せて、そのようなことにも関心を寄せてみられるようにと願う。なぜなら、私などは「松」に隠れた深い意味のあったことを知ってもなお、そのような類の事どもはいわば迷信にすぎず、〝歴史の発展〟の中ではいずれは見捨てられ、破棄されるものではないのかと、そう心底では考えていたのに、やがてはそのような見方がいかに干からびたものだったかを、つくづくと思い知らされることになったからである。蛇足ながら先年、神事芸能・民俗芸能・大道芸なども含めての日本芸能関係の企画のことで知己

の編集者と雑談のさい、「やれ神楽《かぐら》の、翁舞《おきなまい》の何のと、そういうものはぶっ壊れてしまえばよいなどと、実は若い頃には考えていた……」と告白したら、穏やかなその顔付きが急変して、そんなことを聞くのは初めてだといい、おのずと話題は、そのような企画の現代的な意義の再確認へと移った。

*

狂言に「子《ね》の日《ひ》」というのがある。

何年も何年も前に茂山家の方々の上演で観たときには何も知らず、これも古い狂言だと思い込んでいたが、ずっと後に知ったら何と明治初期の作品で、びっくりしたものである（冷泉為理作）。

正月初子の日、独身の公家が雪の野辺に出て嘉例の小松引きを楽しむ。これを〝子の日の遊び〟という。

古歌を連想し、謡《うたい》を謡いつつ遊ぶ彼の前に、乙《おと》の面《おもて》をつけた女が小袖《こそで》を頭から引きかずいて登場。気を惹《ひ》かれた公家が

　子の日して心をよする姫小松

と上の句を詠《よ》むと、女は即座に

　引かれて君が袖に添はばや

と下の句を付けた。これはなかなかいい調子……とばかりに近づいて女の顔を覗き込んだところ、これはしたり！　相当なご面相なので飛び上がり、

　一たびは手に引き取りし姫小松

　　見捨て顔にも打ちかくる雪

と詠んで、扇子で雪を女に掛けながら一目散。しこめの登場する同工異曲の古い狂言だと、逃がしてなるものか、腹立ちや、腹立ちや……と、わわしい女（口やかましい女）が喚き立てて男を追い込むところで留《と》めになるが、この作品では女は下剋上時代のそれとは趣を異にし、立腹などせず、一部始終を我が身には嬉しかったこととして、静かに終わるのである。

　ちなみに、先の歌にある姫小松というのは五葉松《ごようまつ》（針＝葉が五つ付く）と同種類で、マツカサが五葉松のそれよりうんと小さい。広江美之助氏の『京都　祭と花』によると、京都糺《ただす》の森の下鴨《しもがも》神社は鴨建角身命《かもたけつのみのみこと》とその娘の玉依姫《たまよりひめ》とを祀るが、『古今和歌集』（巻第二十、東歌、冬の賀茂のまつりの歌、藤原敏行朝臣）の

ちはやぶるかものやしろのひめこ松
　よろづ世ふ《(経)》とも色はかはらじ

にみえる「姫小松」が和名の初出であり、「姫」とは玉依姫と説かれる。また、子の日の小松引きの民俗は各地に見られ、山の神信仰と深い関係に立つといわれるし、また、それと〝松迎え〟などといって正月の門松を採りに山に入る行事との関連性も推察されている（大森志郎・桜井満ほか『松竹梅』）。

＊

常緑の松は不老長寿の象徴であったし、そのように松をみる感覚は、現代の私たちの中にも、まちがいなく息づいている。

八九六（寛平八）年閏正月六日、菅原道真は宇多天皇の北野・船岡山への子の日の遊覧に随行し、詩序を書いていた。大曽根章介氏の一文（秋山虔ほか『詞華集　日本人の美意識』第二）で初に知ったものだが、その中に左のような句がある（『菅家文草』巻六、前掲書八二頁より）。

松樹《しょうじゅ》に倚《よ》て腰を摩《す》れば

風霜の犯し難きことを習ふ
菜羹《さいかう》を和《くわ》して口に啜《すす》れば
気味《きび》の克《よ》く調《ととの》ほらむことを期《き》す

松に触れて腰をなでるのは、風霜にも萎《しお》れぬ松のようにと不老を願うため、また正月七日に若菜のスープを食するのは、気分が良く整って無病であることを期するためである、という。

二　梅枝

正月二十五日は一年最初の「初天神《はってんじん》」。京都の北野天満宮（上京区）境内には一千を超す露店が並び、冬物を着込んだ多数の参拝者で賑わう。目立つのは、むろんのこと父母同伴の長幼の受験生たちである。総数約二千本という〝天神さん〟の白梅・紅梅は、京の春の前ぶれ。

＊

たしかな話ではないが、鎌倉時代の最末期、花園天皇（萩原院）のもとで「楽《がく》」の事にかかわる刃傷沙汰があり、紙屋川明香《かみやがわあきか》なる者が参議中将有時卿《さんぎのちゅうじょうありときぎきょう》を殺害したという。

この話をもとにしたか、ともいわれる能が『富士太鼓《ふじだいこ》』。内裏での舞楽の太鼓役争いが発端で、朝廷から召し出されて上洛した摂津天王寺の楽人浅間《あさま》と、召されもせぬのに推参した住吉明神の楽人である富士――、この、いずれ劣らぬ二人の「太鼓の上手」の名を「いづれも面白き名なり」と興がった帝《みかど》が、古歌を引いて軽口風《かるくちふう》に、富士といえば名こそ上だが、信濃の浅間の嶽《たけ》も燃ゆるといえば富士の煙に優るのであろう、などといったので、これが勅定《ちょくじょう》となり、あえて富士が上手だと推挙する人もなく、浅間がその役を勤めることとなった。ところが浅間は、自分と張り合おうとした富士の振舞いを心底憎むあまり、理不尽にもその宿所へ押し寄せて、これを討ち取ってしまったのである。陣太鼓？　まさか。赤穂浪士討ち入りの一席ではない。

さて、住吉の富士の妻は夫出立の夜の夢見が悪しく、

心にかかる月の雨

身を知る袖の涙かと

明かしかねたる夜もすがら……

で、翌朝気もそぞろに小さな娘を伴って上洛したのだが、事実を告げられて悲嘆に暮れ、「飽かで別れし我が夫」への恋慕ゆえ、遺品の舞衣・鳥兜を身に着けて、狂乱のままに楽を舞い、おのれには夫の敵《かたき》、娘には父の敵、「ただ恨めしきは太鼓なり」との一心で、母

娘共々に

恨みの敵討ちをさめ
鼓を苔に埋《うづ》まんとて
寄するや鬨《とき》の声立てて
秋の風よりすさまじや
打てや打てやと攻め鼓……

とばかりに「修羅の太鼓」を打ち鳴らし、最後には

嬉しや今こそは思ふ敵は討ちたれ
打たれて音をや出《い》だすらん

と心を晴らして帰りゆく。

これと同じ主題をあつかう夢幻能《むげんのう》が『梅枝《うめがえ》』で、甲斐の身延山《みのぶさん》からの旅僧が摂津の住吉にいたり、一夜の宿を求めた家で曰くありげの太鼓が置かれているのを見、主人から例の話を聞く。ただ、役を賜ったのは浅間ではなく富士のほうで、それを浅間が嫉んで討ったのだというさかさまの筋立てだが、ここでは無用。気にとめるのは、その「梅枝」である。

同様の話なのに曲名が『梅枝』なのは、後シテの「幽霊」となって現れた富士の妻が形

見の衣裳を着けて、夫の横死の因となった太鼓に残る執心と、夫の死後も変ずることなき恋慕の情とに苦しむ身上を、切々と訴えて救済《ぐさい》を願い、執心・愛着を断つべく舞う「懺悔の舞」――、それに伴う地謡《じうたい》の「越天楽《えてんらく》」の唱歌による。

梅が枝にこそ　鶯は巣をくへ
風吹かば如何にせん花に宿る鶯……

「梅枝」といえば、多くの方がきっと『源氏』の第三十二帖の名を連想なさっていよう。光源氏、三十九歳の春のあれこれ。もっとも、かようなところで進んで生き恥を晒すようだが、五十代後半のこの中世史研究者、学生の前では年来「嗚呼、悲しい哉、読まれざる一大古典文学……」なんていいながら、まだ『源氏』を原文で通読したことがないのだから、本音ではある。そういえば幾年も前に、やや年長の日本近代思想史家が休養のため、に、何処かに籠らんとするにさいして携行するという書物が「日本古典文学大系」の『日本書紀』と『源氏物語』（全巻）だと面と向かって聞いた時には、ふだんは人様の話をぼんやりと聞く質《たち》の私も、さすがに凄い衝撃を受けて、脚下の床が抜け落ちる思いであった。

＊

白梅・紅梅（『北野天神縁起』部分。京都府・北野天満宮蔵）

雅やかな話題ではけっしてないのだが、「梅枝」と呼ばれる一女性が室町時代後期、十五世紀から十六世紀初頭にかけての三十余年間、京の公家屋敷に「正直者」の「下女」として仕えていた。彼女の出所も家族のことも不明である。ただ分かるのは、一五〇五（永正二）年十一月六日の夜に「中風」の病がこうじて危篤に陥り、今出川《いまでがわ》辺に運び出されて、翌日その絶命が主家に告げられたということだけである。私が初に彼女のことを知ったのは大学院生の頃で、恩師より是非一読せよと勧められて借覧した創元社刊「日本文化名著選」の一冊、原勝郎著『東山時代における一縉紳《しんしん》の生活』の中の、わずかながら印象鮮烈な記述による。当の公家とは一条兼良と並ぶ碩学《せきがく》の三条西実隆《さんじょうにしさねたか》で、死門を前にした梅枝がその身を河原の地に搬出されたのは、邸内での死穢《しえ》の発生が憂慮されたからであった。彼女の名は無論のこと実名ではなく、奉公の身として主家に初参《ういざん》した時に付与されたものだったはずで、名だたる古典・故実の学者実隆が『源氏』第三十二帖の名を「下女」の名に充てたとしても不思議ではない。現代の私たちにも近しく生きている、いわゆる源氏名《げんじな》というものであるが、もともと宮中の女官のみならず公家の侍女たちに付されるのが常であった。それはともあれこの女性の末期《まつご》の逸話は、同じく三条西邸に十八歳の初参から八十八歳での死没の時まで仕え通し、年少の配下の梅枝に遅れること三年余、一五〇九（永正六）年正月に危篤の身をやはり邸外へと搬出された「老官女」のことと も合わせて、中世公家社会におけるケガレ意識の問題を見つめるさい、その輝きを失わないのである（史料は『実隆公記』）。

「梅枝」の二文字に隠された世界もまた奥深いものであることは、今更ここで喋々するまでもなかろうが、『万葉』に始まり『古今』『源氏』をへて謡曲へ、歌謡へと浸透し、さらには近世にいたると浪華《なにわ》神崎《かんざき》の里の遊女梅が枝の話（石川雅望作、読本《よみほん》『梅《うめ》が枝《え》物語』）までもが創造されてゆくという滔々たる「梅枝」の水脈の中には、京の三条西家にいた四十代半ばか五十歳そこそこの「下女梅枝」の面影も、しっかりと生かされてほしい。

＊

さて、梅の枝ということでは、これまた習俗の世界への根付き具合はしたたかである。京でも、安産の祈願先はそれぞれの氏神様も含めて無数といえたであろうが、とりわけて……となれば、伝統的に洛西の梅ノ宮、すなわち梅宮大社（右京区）が出色と聞く。これとは別に、東山区粟田口《あわたぐち》にある尊勝院《そんしょういん》（天台宗青蓮院《しょうれんいん》の院家）の境内にも東梅ノ宮と称する祠があり、もとは同区白川筋《しらかわすじ》東川端通《ひがしかわばたどおり》三条下《さが》ル梅宮町界隈の田畑に祀られていたものが江戸初期に同町が開かれるにさいして現在地に移されたと伝えるが、がんらい洛西の梅ノ宮を勧請《かんじょう》した祠で（『京都市の地名』）、やはり安産の神様である。

梅ノ宮がなぜ安産の神様であるかというと、「うめ」と「産め」とが通じるからだという。ここでまた浅間の名が出るのだが、山梨県一宮の浅間神社の〝夫婦梅〟を食べると子が授かるといわれたのも面白い（鈴木棠三編『日本俗信辞典　動・植物編』）。

もっとも、子授け・安産・子育て……ということになると、洛中・洛外のいたるところに地蔵・祠、そして岩田帯《いわたおび》・御守り（護符）にかかわる話題があって、きりもない。祇園祭に「占出山《うらでやま》」を出すお町内（占出山町《ちょう》）で、宵山《よいやま》には町内の幼子らが居並んで

安産の御守りは　これより出ます　常は出ません　今晩限り……

と、小さな口を大きく開けて人波に呼びかける風情も、訪れる観光客には印象深いはず。

ついでながら、梅の実・梅干の〝食いあわせ〟に関する俗信もまた豊かであった。

これは十六世紀の南都奈良での噂話だが、生の茄子を食っていた人をたまたま見かけた「唐人《とうじん》」（異邦人）がいて、どうしたわけかそっと後を尾《つ》けていった。すると、今度はその人が梅干を口にするのを見た。それを見届けた唐人は、これで死ぬはずがないと安心して帰ったという。「ナマナスビ、大毒ナル」ゆえであったが、梅干がその毒を消すというのである（『多聞院日記』天文八年七月二十九日条）。そういう唐人の判断が、もともと梅干の効用などには先進的に明るかったはずの僧侶たちにも、この当時にはよほど珍しかったのだろう。大阪方面では茄子が梅毒の毒消しに効くといわれたそうだが、いやはや、梅とは申せども、これは論外論外。

＊

ところで、往時「梅枝」はシモトであった。一口にシモトとはいっても、漢字で笞・楚と表記されるのは罪人を打つムチ＝刑罰の道具で、山上憶良《やまのうえのおくら》の「貧窮問答歌《びんぐうもんどうのうた》」に「楚取る里長《さとおさ》が声は……」と徴税の声が響いていたのも連想されようが、それは木の若枝でこしらえたものであり、がんらい、シモトといえば長く伸びた、しなやかな細枝（柴）一般を指し、別にスワイ・ズワイ・スワエ・ズワエともいう。ちなみに、ズワイガニの足は左右に伸ばせば七、八十センチにもなる。

だが、梅の木の枝がシモトであったというのは、梅の若枝に破格の意味が込められて、京や南都（奈良）の大寺社の、祭礼行列の前駆《ぜんく》を役目とする者や領内の咎《とが》め事《ごと》に従事する者（警吏）の手にされたことをいい、梅のズワエ（白枝）と呼んだのである。奈良の春日若宮の御祭《おんまつり》の行列に関連してこのことに触れた折口信夫は、襌《ちはや》（白布）を首に掛けて、その裾を後ろに長く引きずりつつ先頭に立つ役が「梅の白枝」を持っているのに注目し、ひいては、朝廷の白馬《あおうま》の節会《せちえ》（正月七日）には「犯人を作って梅の白枝で打擲《ちょうちゃく》すると言ふ例がある」と指摘していた（「春日若宮御祭の研究」、『折口信夫全集』17所収）。

十一世紀半ば、前九年の役で源《みなもとのよりよし》頼義の軍門に降り、捕囚としてはるばる都に運ばれた安倍宗任《あべのむねとう》が、殿上人《てんじょうびと》が殿前の梅枝を突きつけたのに対して

わがくにの梅の花とは見たれども大宮人《おおみやびと》はいかゞいふらむ

と詠じたという挿話は名高いが、「梅枝」の隠喩を追ってきた私たちには、すでに、優雅

な歌の物語の世界の奥底に漂い潜む、ただならぬ気配すらもが感ぜられるのだ。

これもついでながら、平安京大内裏の紫宸殿《ししいでん》前の「右近の橘《うこんのたちばな》」と対の「左近の桜《さこんのさくら》」というのは、十世紀半ば頃までは「梅」であったというのが定説である。

当の宗任はその後、伊予へ流されたが、そこから更に筑前の大宰府に移されたと伝えられる。いわずと知れた菅公（菅原道真）終焉の地。悲運と寂寥《せきりょう》を〝酒〟で紛らすこともかなわなかったらしい（実は、下戸《げこ》だったとみる説あり）道真が詠んだ一首、

こち（東風）吹かばにほひおこせよ梅花（梅の花）あるじなしとて春を忘るな

は、学問の神様としての〝天神さん〟への信仰が受け継がれるかぎり、梅の好きだった人らしい歌として、京の人々の記憶にも末永くとどまろう。そして、その天神様の「渡唐天神像《ととうてんじんぞう》」には、唐服を着して慎《つつ》ましやかに梅花一枝を手にする姿が描かれもしたのである（林屋辰三郎「天神信仰の遍歴」、『古典文化の創造』所収）。

＊

京とその近辺の梅の名所といえば、北野の梅苑とともに、数十万本の梅樹を誇る洛南の青谷《あおだに》（京都府城陽《じょうよう》市）、それに大和・伊賀・山城の三国が境を接する辺り、奈良県内の月ヶ瀬の梅林《ばいりん》が出色で、いずれもその季節には、かなりの人出となる。

三　柳の枝

十数年前の歳の春、東京からみえた児童文化専攻の〝三少女〟のご所望で京都の古書店巡りにつきあった。東は熊野のあたりから数軒、ゆるゆると物色して歩き、ようやく鴨川に架かる丸太町《まるたまち》橋の東詰に到着。西の橋詰から河原町通《かわらまちどおり》（道路を通《とおり》という）までの間にも二、三軒あるのだが、背後で華やいだ声が響くので、ふとふりかえると、橋詰にたたずむ三人がそれぞれに掌をさし出して、川風に揺れる枝垂《しだれ》柳の枝を愛でている。小さな新芽がとてもきれいだという。そういわれて私も見入った。なるほど。

そんなふうに柳の新芽を、いや、そこかしこの樹木のたたずまいや枝葉の風情を楽しむ心のゆとりなど、何年もどこかに置き忘れていた。その後、短期の入院生活と自宅休養を終え、勤務地は富山市になり、求めた寓居は神通川の有沢橋近く、堤防のすぐ下であった。

（川の名を「じんつうがわ」という旅の者《もん》——よそから転入してきた人をそういう——も多いが、正しくは「じんづうがわ」。）そこに移って最初の積雪期、窓外に蜿蜒《えんえん》と延びる純白の堤防の上に、ご存じ、京都伏見稲荷のあの小振りの鳥居群を列立させたらさぞ面白かろう……などとモデル・シップ組立ての手を止めて夢想したのも独り暮らしの無聊の慰めではあったが、それはさておき、野趣に富む広々とした河原の随所にはカワヤナギ（楊・川柳）の小群落があり、泥をかぶって揺れていた。年長の京都出身の文化人類学者和崎洋一教授（一九九二年六月二十九日死去）の談によると、「あれはなぁ、ドロヤナギちゅうんやで」とのことであったが、さて如何。

ここでは「楊」も含めて一応は「柳」の字で括っておくが、ご承知のようにヤナギにもいろいろあり、ヤナギ科ヤナギ属 *Salix* に属する植物の総称がヤナギで、日本には、なんとまあ三十二種もあるそうな。

＊

昔々、京のどこかで或る男、枝垂柳を手にした人がやってくるのに出合い、断りもなしにその枝を引ったくった。相手は当然立腹、「こはなんぞ、狼藉《ろうぜき》なり」と責めると、その

男いわく、

知らずや、柳は緑といふ事を。

相手は得たりや応とばかり、

げに尤《もっと》も道理ありっ！

と吐いた途端に、棒ぎれ摑んで男の鼻をぶっ叩いたものだから、どばあっ。「これは！」と怒る男に相手のいうには、

それこそ、鼻は紅《くれない》に。

おそまつの一席。柳の葉は緑、花は紅いのが自然ありのままの実相と悟れ、という「柳緑、花紅」の古言をちょいとひねった頓作《とんさく》、即興の笑話で、〝落語の元祖〟と讃えられる安楽庵策伝（一六四二＝寛永十九年、京都誓願寺境内の隠居所で没、八十九歳）の『醒睡笑《せいすいしょう》』に見えている。

ところで、一口に花といえばまずは桜であり、そして柳といえばその桜に連結しやすかった。この双方の名を出して、歴史の中の京の景観美を語ってきた人はいつも、素性《そせい》法師（僧正遍昭の子で三十六歌仙の一人）の名高い一首を念頭に置いていたはず。

見渡せば柳桜《やなぎさくら》をこきまぜて都ぞ春の錦なりける（『古今集』春歌　上）

この歌には「花ざかりに京を見やりてよめる」との詞書が添い、山上から見下ろしていたと推察されているが、中にある「柳桜をこきまぜて」というのは、いったいどういう状態を指していたのであろうか。「所謂花見は無風流の事業なり」とまで言いきった柳田國男は、えてして新造の並木に柳・桜を一本おきに植えるなど、けっして昔風なのではないと注意して、この歌の意味するところは「二種の木が理髪店の看板などのやうに交互に連なりし為に非ず」と皮肉たっぷりに記したあと、次のように説いていた（傍点＝筆者）。

京都の道路には縦横ともに並木として柳を栽《う》ゑ緑色の織物の如くなりし間に、所々の家の桜が一群づゝ白く咲きてありしを、春衣の錦に譬《たと》へしのみ。今の京都市が西の方に猶あれだけ大きかりし時代には、丹波行きの鉄道ある近辺は朱雀大路と称し南北に大幅の本通り直貫し、其歩道には柳を栽ゑしなり。此《この》柳は今日の垂柳と異なりしが如く、「朱雀大路の青柳の花や」と花を賞せし歌あり。以前は男子も派手な色の衣服を著たり。春になると此柳の陰を緩々《ゆるゆる》と歩みて、此の如き歌をうたひし人々（下略）

云々と（「豆の葉と太陽」の内「並木の話」）。

柳と桜花とを対応させて都の春を詠んだ秀作とされる紀貫之の一首に、

青柳の糸よりかくる春しもぞ　乱れて花のほころびにける（『古今集』春歌　上）

があり、これもやはり素性法師のさきの歌とあわせて評されやすい。だが、平安時代の京の〝並木〟という問題になると、ここでいう柳と桜とが都大路の街路樹として植わっていたと前提してかかる見方が、こんにちでも脈々とこれらの歌の解釈に受け継がれてきているのは、いくらか注意を要するのではあるまいか。ここで街路樹をめぐるそのような解釈と柳田説とを比べ、〝平安京史〟の研究成果に照らして再検討するゆとりはないが、このような鮮やかな彩りに富んだイマジネーションを織り込んで、文化史の中の京も顧みられ、生き生きと語られてよい。柳と桜とを対応させる感覚は蹴鞠《しゅうきく》（けまり）の場にもはたらいて、そこに設定される四種の樹木には、松（乾《いぬい》＝北西）・楓（坤《ひつじさる》＝南西）とともに、柳（巽《たつみ》＝南東）と桜（艮《うしとら》＝北東）が収まるのである。

＊

何年も前のことだが、旧市街地に生まれ育った若い友人が滋賀県の湖東に転出した。新居の敷地となった所には以前からの柳の木が一本あって、それがどうも邪魔だというわけで根元から伐ってしまった。そうこうする内に、実家から父親が新居を見にきてくれたのはよかったが、その切り株に目を止め、柳だと知るやいなや、息子をきつく叱ったという。

高瀬川の青柳（浅井忠原画、初代宮永東山氏高瀬舟図陶額、京都府・宮永東山氏蔵）

京都の人間のくせに、柳みたいに大事な木をあっさり伐ってしまうとは何事や。

すでに他界した父が、あの程度のことでどうしてあんなに憤慨したのやら、今もってピンと来ないと彼はいう。動転して、理由は聞き逃したのである。いったい、どんな理屈だったのだろう。

「京都の人間のくせに……」という点は脇におくとして、「柳みたいに大事な木」という言葉には、いたく興を惹かれた。私は東本願寺の少し東北方、下京《しもぎょう》区稚松《わかまつ》学区に育ち、抜け路地を南に出ると、荷車曳《ひ》く馬・牛の糞を棒で突いて遊んだ枳殻邸《きこくてい》（一一二頁参照）北側の道に、また、東に出ると市電の走る河原町通……という所に住んでいたが、幼少時からとてもなじみ深い樹木は、といわれたら、ためらわずに銀杏《いちょう》と柳とを挙げよう。枳殻邸の土塀の内にそそり立っていた幾本もの銀杏の大木は、大風のあとなど塀外の住民にギンナンを恵んでいたし、やはり銀杏を東西両側の街路樹とする河原町の電車道《みち》を渡って東に、鴨川の正面橋の方へ少し歩くと、柳並木の高瀬川沿いの道に出た。内浜・米浜《よねはま》・菊浜というぐあいに、高瀬川水運の長い歴史を偲ばせる由緒ある地名を残す東と西の木屋町《きやまち》通である。

そこを下《さが》る（南下する）と、すぐに七条通に出、川も道もやや湾曲しながら南へ南へと続くのだが、七条以南の高瀬川沿いの家並み、風景をつぶさにこの目に映したのは二十代も半ばになってからのことで、それまでは通らなかった。

反対に上《あが》る（北上する）と、旧遊廓（もと七条新地）を貫いて五条に到り、さらに松原・四条・三条・御池をへて、二条の手前まで続く。京都の見どころについて語ったり書いたりする人の多くが力説されたポイントの一つは、まちがいなくこの高瀬川の水流と柳並木とが醸し出す風情であり、反論の余地もないのだが、それには確実に、市中最大の繁華街に接する三条小橋界隈〜四条小橋界隈という、ごく限られた範囲での〝高瀬川・木屋町情緒〟観が裏打ちをなして、微動だにしない。ついでながら、近年は三条〜四条下ル辺の柳と柳の間に桜が挟み込まれている。うむ、これぞ例の「理髪店の看板」。

中学に進学したさい、前の席が定席となったS君と親しくなり、以来四十余年にわたる付き合いが始まった。隣接の学区から進学してきた彼の自宅は前記の遊廓の真っ只中にあり、私には、それまでは目と鼻の先の所なのに〝遠かった〟遊廓が急に〝近く〟なった。初めの頃は、自分のような年頃の者にも暖簾の陰から手招きでそっと声をかけてくる「ひきてさん」のいけずに面食らったが、そのうちに先方も、どこそこのボン（男児）の友達だとわかったらしく、急ぎ足の私を一瞥するだけでやり過ごしてくれるようになったのは、いま思い出してもおかしい。

　その遊廓の雰囲気とともにあった〝高瀬川・木屋町情緒〟というものは、今にして想えば前述の範囲のそれとはおよそ違っていた。そこもまた、高瀬川筋・木屋町筋であるに違いなかったのだが、そのようなことを少年期の自分がいったいどんなふうに感じ取っていたのか、わからない。けれども、まだ陽のあるうちだと紅・白粉を落とし、風呂帰りに首筋のあたりを拭いながら談笑して行き交い、たそがれ時に通ると化粧を終えて客を待っていた彼女たちの片鱗は、こうしている只今も、ぼんやりと甦る。むろん、彼女たちがどのような境遇をへてそこに来て働いている人たちであったか、ときたま呟くように友が聞かせてくれた話の断片も――。ほんの少しばかり裏を聞いただけでも、まことにきつい生き方の女性たちであるのは感じていた。

ずっと後年、大学の研究室の一行に加わって、写真でしか知らなかった旧島原遊廓の角《すみ》屋《や》と輪違屋《わちがいや》の内部を初に見学したが（島原は俗称で、公称は西新屋敷）、廓の出入口、大門脇の竹矢来の中に立つ枝垂柳を、これも初めて眺めた時、あの高瀬川沿いの遊廓の光景を連想した。後者は本来高瀬川と木屋町通があってのもので、島原大門のそれとは由来も質《たち》も違うよ、といわれるとそれまでだが、ともかく結び付いてしまったのである。

物心ついてより柳の木なんて到るところで腐るほど見て育ってきていたし、自分のささやかな見聞からしても、京都は昔からずっと柳に御縁が深いようである。いわく、柳原《やなぎはら》町《ちょう》・上柳《かみやなぎ》町・下柳町・柳風呂《やなぎぶろ》町・柳八幡《やなぎはちまん》町・姥柳《うばやなぎ》町・柳図子《やなぎずし》町・柳水《りゅうすい》町・八《や》ッ柳《やなぎ》町等々。めんどうだから、このへんで止めるが、京都市域が上京《かみぎょう》区と下京区の二区のみだった時代の町名録（一八七六＝明治九年）でみても、「柳」の字の入る町名だけで優に二十を超えていた。それに柳馬場《やなぎのばんば》通（南北の道路名）や柳寺《やなぎでら》（寺名、後述）などがあり、一九二五（大正十四）年には現在の叡山電鉄の駅名として出町柳《でまちやなぎ》も加わる（出町橋付近、左京区田中上柳町）。

ついつい道草を食ったけれど、遊廓とともにあった柳のたたずまいというものは、したたかに自分の中に刻印されたと思う。尤も、その事象の〝隠れた意味〟の面白さが少しずつながらわかってくるのは、さらに後年、民俗学の書物をあれこれと拾い読みするようになってからであり、そして歴史学の問題として、他の諸々のモノゴトともあわせて自主的に模索しはじめるのは、新しい中世史の見方・考え方に多大の共鳴を覚えるようになってからだった。きっと、友人の父親が口にしたあの言葉の背景は、予想以上に深く、かつ広いものだった。

*

柳を大切に、という感覚は全国各地で連綿と受けつがれてきたものだが、その具体例を追うまでもないし、地方・地域によって偏差もあるのだから、ここでは民俗学者の解説に頼ってみると、左のようである（飯島吉晴「柳―民俗、象徴」、平凡社『大百科事典』14他）。

この樹木は生命力が強く、長寿・繁栄・豊作・除災などの呪力に富む神聖な木、神霊の降臨する神の木とみられてきた。このことが基本にあって、正月の行事・風習や田植に関わる田の神の祭も成り立ってきている。また、境界のシンボルとしての役割があって、これは村境、町外れのそれであり、橋の傍らの柳、さらには遊廓の出入口の柳（見返りの柳）にも、同じ意味が託《たく》されたのだった。ただ、この境界というのは現実空間の境界――

区切りにとどまらず、目には見えるはずもない世界——死者の世界など異次元——との境界をも含んでいて、柳に幽霊や妖怪が出没するなどという認識も、往昔の人々が共有していた境界観・世界観の幅広さによる。また仏事では、三十三回忌・五十回忌が終わった後に芽や葉のついた柳の枝を卒塔婆に見立てて墓所に挿しておき、それが根付くと死者が成仏したものと生者は理解したが、これも他界・異界との交渉に柳が重要な意義を持たされたことを示す一例だった。

仏教のことでは、三十三観音のうちに楊柳《ようりゅう》観音があり、衆病消除のこの観音の像は右手に楊柳の枝を持つか、座右の瓶にそれが挿される。清水寺の観音は楊柳観音で、朽ち木の柳が金色の光を放って緑色に若返り、楊柳観音の化身であるのを示したという。

たしかに、柳が強い木だというのは、よく耳にした。実際その枝を土中に挿し込んでおくとすぐに根付く。こういうのをネバリ（根張り）が良いという。川辺に伸びていたカワヤナギ・ネコヤナギの類が大水で下流に流されても、漂着した所で土に恵まれると、またすぐに根付いて繁殖するらしい。伐採してもまた生えてくる。「柳こそ伐《き》れば生えすれ……」（『万葉集』東歌）である。そういう強さが、人々に呪性・呪力を感じさせ、畏敬・畏怖の念を持続させたのだろうが、その力の機能、方向性となると、さまざまな受けとり方が禍福画面にわたって細分され、民間習俗として浸透した。

先ほどの、死者の送りに、墓所に卒塔婆風《ふう》に柳の枝を挿すというのは見覚えがないが、墓地の片隅や周りに大きな柳が二、三本などという光景は、誰だって、ふだんは何気なく当り前のように随所で目にしているからさほどに思わずとも、柳は寺や墓地にあるものだ、という固定観念によって、家に植えるのを忌避する地方もあるという。この種のこと一つをとってみても、同一の地方なのに、たとえば家に柳の木があると何か災難に見舞われるとして嫌うかとみれば、その一方では、柳があれば福を得るとか、枝のよく垂れる柳だと出世できるとかいう。よく垂れる柳だと良いのだな、と思い込むと、おっとどっこい、別の土地の感覚では垂れ過ぎて枝先が地面に触れるほどだと幽霊が出るそうな。柳があるからこそ幽霊様方もお出ましになりやすいので、それじゃかなわん……とばかりにバッサリ伐ってしまうと幽霊が出るぞという地方もあり。要するに、この種の受け取りようを記録の中に逐一丹念にたどれば、そのような迷信などは世代交替とか生活様式・生活感覚の転変とかによって、すでに薄れてしまっているに相違ないと思いながらも、一方では潜在的にはまだまだ〝根張り〟強いのが実情じゃないか……とも感ぜられてきて、とまどってしまう。だが、いくら迷ってみても所詮は、それほどまでに人々の神経をピリピリと立たせてきた柳の力なるものからは、目を離せないのである。

室町時代の京の庶民も口ずさんだにちがいない歌謡を集めた『閑吟集』には、左のようなのもみえる。

柳の陰にお待ちあれ　人問はばなう　楊枝木《ようじぎ》切ると仰《おしや》れ

私が行くまで柳の木陰でそっと待っていて。誰かが「そんなところで独り何しているの」と咎め立てしたら、「楊枝にする木、切ってるの」とでも言い抜けしておけば……、というわけで逢引なのだが、さてもさても誠に行き届いた配慮。当代日本酒造界の雄として鳴らした柳酒屋《やなぎざけや》の名酒〝柳酒〟でも頂きながら、かような小歌の一節を口ずさんでみたいもの。ただし、お値段のほうは、他の名酒の倍。主の中興《なかおき》氏歴代は名だたる京の町衆たちの中でもトップクラスの豪商で熱烈法華信者であり、本門法華宗大本山の卯木山《うぼくさん》妙蓮寺の創建は、鎌倉末期の祖先によると伝える。当初の寺名は柳寺。山号「卯木」は「柳」字のツクリとヘンだという。

＊

さて、楊枝の材は柳には限らないが、柳が充てられることが多かったらしい。歯木という、先端部を叩いてパサパサにしたものは歯の掃除に古来用いていたが、先を尖らせた楊枝は、大小の差はあれど、歯にも使うとともに、果物も含めて食物を刺したり分けたりして口にするのに、箸と同じく常用。材の楊枝木などは、随所で入手していたのである。

それはそれとして、柳、柳……と追いかけてきた者にとっては「柳の陰に」「楊枝木切る」などというさりげなき一句にも、深読みしたい気が生ずるのは無理もない。神の降りたもう木としての柳、樹下での神祭《かんまつり》、正月元旦の「柳の下の祝言」、さらには柳の立つ場所と清水・霊水湧出との暗合、地中に挿した楊枝が霊力を発し成長したことを告げる所伝・口碑等々についても、むろんのこと油断はできない。

中世末〜近世の京の庶民も耳目にしていた説経節《せっきょうぶし》（説経浄瑠璃）屈指の名作『あいごの若』。慈母を失い父に放逐された主人公の愛護の若、十五歳は、苦難の旅の末に近江は神《かみ》蔵山《くらやま》の飛龍《ひりゅう》が滝上に到り、遅咲きの桜の盛りなるをひとしきり眺めやるうちに「時ならぬあらし吹き来り、つぼみし花が一房……御たもとに散りかか」るのを見て身投げを覚悟するのだが、「散りたる花は母上様。咲きたる花は父上様。つぼみし花は愛護なり。恨みのことが書きたやなと、弓手《ゆんで》（左手）の指を食ひ切り、岩のはざまに血をためて」脱いだ小袖に「恨みさまざま書きとめ」んとするが、もとより浮浪乞食《ふろうこつじき》の身に料紙・筆墨の添うはずもなく、遺書を認《したた》める「筆となされ」たのは柳だった——。この若、死後に山王大権現《さんのうだいごんげん》として祀られた、という設定である。

そういう芸能一つの仕掛け一つにもさりげなく漂わされていた柳の聖性については、柳田の「神樹篇」には、いち早く諸例が提示されていた。

そこでも引かれている『山城名勝志』（巻之四）の西行水《さいぎょうすい》の記事は、楊枝に関して興味深いもので、今読み下しの形で写すと次のとおりである。（〈 〉内＝割注）

和名集に云う〈洛中名水《めいすい》部〉、西行水〈三条坊門室町東頬《むろまちひがしつら》、西行、かの所に於て隠居の時、楊枝《ようじ》を以て掘り出すと云々《うんぬん》〉。

京都の名水の一つとして挙げられた井水だが、残念ながら西行がそこに隠棲したことは確認されていないし、該当の名水も残っていない。ただ、事の真偽はさておいて、楊枝で水脈を掘り当てたという〝縁起譚〟が、歌人西行のイメージに加えて、霊力をそなえた呪能者的側面までも持たせる奇怪な西行伝説の一つとして創造され、多少は広まっていたらしいのが面白く、そして怖い。

なにはともあれ京の深さは、こりゃ、まるきりの底無し沼とでもいうべきか。しかし、たゆまずに追わねばならない。小野道風を励ました、柳に跳びつく蛙のように。

四　桜花

兼好の『徒然草』一三九段は、ご存じの〝花尽くし〟。家に植えておきたい樹木として、まずは松と桜をあげている。松では五葉《ごよう》の松も良いといい、桜花は、大和吉野の桜も御所の紫宸殿の左近の桜もみな一重で、これが好ましいという。遅桜《おそざくら》は季節外れで興趣がなく、おまけに毛虫の付いているのなどは気味の悪いこと。花弁の多い八重桜もお好みでなく、「八重桜は異様《ことよう》のものなり。いと、こちたく、ねじけたり（仰山でうるさく、すなおでない）。植ゑずともありなむ（植えなくてもいい）」などと、けんもほろろ……であった。面白いのは、

八重桜は奈良の都にのみありけるを、この頃ぞ世に多くなり侍《はべ》るなる

としていることで、近頃、京とその近辺でも見慣れるようになった……と解すると、十四

世紀初め頃から京の春の〝桜風景〟にいちじるしい異変が生じていたことになる。とすると『古今集』の素性《そせい》法師の歌に「見渡せば柳桜《やなぎさくら》をこきまぜて都ぞ春の……」という、平安時代の京の春を彩った桜花は一重であり、鎌倉末期〜南北朝あたりではそれに八重桜がずいぶんと加わってきていたというわけである。なにげないこの文言一つとて、中世京都の都市景観論の一資料。

＊

桜となると花見だが、思い出すごとに笑ってしまうのは、八、九年前の、富山市は呉羽《くれは》山《やま》での花見のこと。故和崎洋一富山大学教授を観桜隊長として、同僚の世話役のきもいりで、酒肴・ガス器具などいっさいがっさいを積み込んだワゴン車に乗り、一同意気揚々と出かけたのはよかったが、例年になく、かんじんの花はなかった。富山文化圏と高岡文化圏（いずれも筆者の仮説）との境界をなすあの低く長い丘陵の公園は、同市内を湾曲しながら流れる松川沿いの桜並木とともに名だたる花見の名所であったが、どうやらいずこでも事情は似たり寄ったりであったらしい。大雪に閉ざされた山々から餌を求める鳥どもが群をなしてやってきて、いち早く蕾を食い荒らしてしまったのだということだった。みんな曇り空の下で震えながらも、しばしは飲めや歌えや……のまねごとをしてみたが、さほど気勢は上がらなんだ。今なお憎きその鳥の名は、ウソである。いや、これはホントの話。

腹立ち紛れに、あとで繁華街、総曲輪《そうがわ》通りの角の、大黒屋という蕎麦屋の隣の清明堂書店で買い込んだ高野伸二編『野外ハンドブック・4　野鳥』で雌雄の写真をみて、なんだ、この鳥のことかと、名と実とが初めて一致した。冬場から早春にかけて、しょっちゅう見かけていたのだ。同書の解説には「サクラの花芽を食べるので花の名所では嫌われ者であるが、淡雪の積んだサクラの枝との取り合わせは美しい」とある。

＊

彼の地では、初対面の人の多い宴席で「京都の者ならあの歌を」と求められた。なんのことはない、『祇園小唄《ぎおんこうた》』が〝京都を代表する歌〟というのである。だいたい、親や先生が好き好んで子どもに教え込み、子らも明け暮れ口ずさんで育つような中身の歌では絶対にない上に、全部覚えたいほどでもなく、ほろ酔いで歌えと勧められてもせいぜい一番しか歌えぬ。ご存じの方も多かろうが、

月は朧《おぼろ》に東山

霞む夜毎の篝火《かがりび》に
夢もいざよう紅桜《べにざくら》
忍ぶ想いを振袖に
祇園恋しや
だらりの帯よ

という、あれである。（表記は正確ではないと思う。）

この歌には、生涯忘れられぬ裏話があった。R中学在学時に校長を務めておられたI先生のことである。学校では国語（古典）を教えていられたが、お西さん（西本願寺）派の住職で、無論のこと蓄髪、物腰・風采あわせてなかなかしゃれたお人であった。ついでながら、これまでに随分たくさんの浄土真宗の僧職者を見知ってきたが、どうしたものか、概して「西」派の人は〝柔らかな遊び心〟が勝ち、「東」派には見るからに内向的でストイックな生活態度の人が多かった。美意識・趣味では前者が、思想・行動的爆発力では後者が数段勝る——と愚考する。

話を戻そう。

つまり『祇園小唄』の真の作詞者は、伝えられる高名な詩人ではなく、実にI先生であった。そのことはずっと後年になってからご当人の懐旧談として新聞で報ぜられたとも仄聞するが、私たちはかなり早い時期に小耳に挟んでいたし、保護者会での講話でもお若い頃の思い出話として語られていた由である。作詞の募集に応じ、みごと入選と内々に伝えられてきたが、いかな秀作とはいえ、なにぶんにも当時はまったく無名の新人の作。本人の了解のもとで、世に知られる作詞者の作品として広まり、今日にいたった。だらりとしていて好きな歌ではないが、歌えといわれれば座興に供してきたのも、あの先生の優雅な面影が浮かぶからだ。

ところで、祇園――桜というと、円山《まるやま》公園の枝垂桜《しだれざくら》。数年前の春に東京からきた若夫婦も、わざわざそれを初に見にきたといっていた。あの宮沢りえさんの写真集と並ぶ売れ行きといわれた国語辞典にもしっかりと出ている〝祇園の夜桜〟見物である。曰く、「京都市円山公園内の枝垂桜。周囲にかがり火を焚いて観賞する」と。篝や雪洞《ぼんぼり》の火色で薄紅に染まる爛漫の桜花が、夜空に浮かぶ。

もしも、夜の公園に人気がなく、辺り一帯は漆黒の闇、四条通・東大路からの物音一つとて耳たぶを打たぬ中に、唯独り佇んで火色に映えるあの桜花を眺めたりしたら、生来臆病な自分などは突然異界に迷い込んだかのように身震いして帰途を急ぐことだろう。夜桜の仕掛けというのは、ほんとうは怖い怖いものなのだ。おまけに、円山山麓のあの辺りは、往古は「露ぞこぼるる」「露の世に」「そよそよと」などの言葉に結ばれがちだった真葛《まくずが》原《はら》の地。いわゆる無縁所《むえんしょ》の世界にて、安養寺・長楽寺・双林寺のほか祇園感神院（八坂神社）の塔頭《たっちゅう》が集まっていたし、南側には〝東大谷〟と俗にいう大谷本廟もある。ぐっと南下して清水寺《きよみずでら》参道のすぐ近く、南側になると〝西大谷〟の本廟があり、その背後、山腹にかけては京都三大葬地（鳥辺野《とりべの》・化野《あだしの》・蓮台野《れんだいの》）の一つ、鳥辺野の歴史を踏まえる壮大な墓所が展開する。

いやはや、書いてきて気味悪くもなってきたが、まあまあ、お心安く……。気休めに、これまた借り物の頼山陽《らいさんよう》作「京四季《きょうのしき》」から少々お裾分けを。

春は花　いざ見にごんせ東山
色香《いろか》あらそふよさくら（夜桜）に
粋《すい》も無粋《ぶすい》ももの固《がと》う
二本ざしでも柔らかう
祇園豆腐の二軒茶屋《にけんぢゃや》……

＊

話題は飛ぶが、梅の好きだった菅原道真は松も桜も好きだったのだという。菅公伝説の一端である。梅は菅公を追って配所の大宰府へと飛び、ずっとあとに老松（追い松）も同じく配所へ飛んで行ったとか、天神様の御託宣で一夜にして北野社の千本もの松樹に化したとかいわれるが、桜は枯れて死んだという。

この三種の樹木が役割もそのままに擬人化されて、十八世紀半ばの浄瑠璃『菅原伝授手《すがわらでんじゅて》習鑑《ならいかがみ》』の三つ子の兄弟、松王丸・梅王丸・桜丸として舞台に登場した。やはり桜丸は早世するのだが、桜には、華やかさ、明るさの蔭になぜか死のイメージがひっそりと付き添う。そのことは、サクラの名の意味をサ（神・精霊）とクラ（座）とに分析して解する説とも合わさって、その魅力を倍加する。ただし、サクラを、もともと日本独自の樹木だなどという謬見とはまったく無関係なこととしてである。

神・精霊の座ということでは、田植の早乙女の「サ」も同様だが、舞台の上で「悪」に対して退散を迫る「正義」の者が、採り物のサクラの枝を突きつけてじりじりと歩を進める姿の奥にも、この樹木にそのような隠喩を持たせてきていた「習俗」が振幅を含みつつ広がっていたと見なくてはなるまい。〝花の下〟での大賑わい、お花見の遊楽・共同飲食の源流には、花の咲きぐあいでその年の気候・豊凶を占ってまわる慣行があったとする考えも同様である。

また、樹皮・実・枝葉による民間療法、強い薬効認識についてもさることながら、庭木に採用することを徹底して忌避したり、限定的に警戒したりする習俗の分布の範囲は広かった。すぐに散る・朽ちやすい……といったことが、家運の傾きや家の滅亡とか、病とか、祟りとかに直結されてのことであるが、総じて、そんな事どもはアニミズムとか迷信としての理解で十分足りるのであって、いまさら大ぎょうさんに言い立てるまでもないよといわれると、ミもフタもなくなる。だが、芸能での所作・採り物一つ、祭礼・行事でのそれに隠されてきている意味を朧げながらにも念頭にしてみようと試みる神経の働きがなくては、それぞれの芸能・祭礼・行事の持つ意義が見えにくい。

＊

なにか思い切ったことをやるのを「清水さんの舞台から飛び降りる気で……」という。はっきりと「京都清水寺の……」と言い換えれば、この比喩的表現は他府県の人にも、かなり分かってもらいやすい。中学・高校時代に京都・奈良方面に修学旅行をした人がけっこう多いからで、断崖の上の柱に乗っている本堂の、あの舞台から飛び降りるには相当な覚悟がいる。ただ、もともとは素手で飛び降りるというわけではなかった。では、いったいどうしたのか。

傘をさして、落下傘のようにして飛び降りる

というのであった。それにしても凄い話だが、寡聞にして、それを敢行した人が歴史上いた事実を確認した例は知らぬ。たぶん無いと思うが、思い詰め、信じ込むとなると人間は我を忘れて怖いことをしてしまう。飛び降りたのではないが、舞台の欄干《らんかん》を沓履《くつば》きで西へ東へと歩いた人が平安末期にいたという話がある。しかも、蹴鞠《けまり》の鞠をポーン、ポーンと蹴りながらのことで、見る者をして顔色を失わしめたその人物は、蹴鞠の妙手として聞こえた侍従大納言成通卿《じじゅうだいなごんなりみちきょう》（一一五九＝平治元年に出家）だった（『古今著聞集《ここんちょもんじゅう》』巻第十一、蹴鞠第十七）。ちなみにこの人、雲林院《うりんいん》（うじい）という寺で蹴鞠をしていた時に、にわか雨に降られ、階段で雨宿りの最中、今様《いまよう》の神歌《かみうた》を口ずさんだところ、憑物《つきもの》の病で堂内でお籠《こも》りをしていた女性がけろりと直ったというから、人並み外れた〝何か〟の持ち主として知られていたのであろう。彼の唇から洩れた神歌のことは知れないが、例えば

ちはやぶる神神にましますものならば　あはれと思し召せ、
　神も昔は人ぞかし

といった類の歌ででもあったのか（『梁塵秘抄』巻第二）。

　またまた話が逸れたが、あの高い舞台から傘をさして飛び降りて生きて着地できると、叶《かな》い難き恋も叶うものと信ぜられていたそうである。ガイドさんの説明にも、この話は出ているのだろうか。

＊

　昔々、当の清水寺には信心堅固な清玄という僧がいた――そうな。これが美貌の女性にうつつを抜かして一介の破戒僧へと転落し、寺を脱け出て暮らすうちに恋い焦がれた彼女に再会、思いを遂げんと執拗に迫ったものの叶えられず、けっきょくは女の従者に殺され地獄に堕《お》ちたが、その怨念がなおも女に付きまとい、ために女は剃髪入道ののち死亡……という、なんとも暗い近世の浄瑠璃・歌舞伎狂言（複数）のお話である。その女の名が「桜姫」。名の由来は知れないが、清水寺を起点とするこの恋慕一途の破戒堕落僧の物語に、相手として登場するのが美女の「桜姫」だといえば、それなりに面白い。

同寺の境内地には、地主《じしゅ》神社がある。寺の鎮守で、旧称は地主権現堂《ごんげんどう》だが、その一帯は少なくとも室町時代にはすでに桜の名所、花《はな》の下連歌《したれんが》の場として名を馳《は》せており、「地主の桜」といえば、「筆で書くも及ばじ」とたたえられた「面白の花の都」の風光のなかで、

東には祇園・清水、落ち来る滝の音羽の嵐に、地主の桜は散り散り……

とまで嘆賞されていたのだった（『閑吟集《かんぎんしゅう》』）。その伝流は近世にも受け継がれた。だから、清水寺にかかわる話には、「桜姫」の名が無理なく似合った。

＊

余談ながら、筆者の勤務先（桃山学院大学）は大阪府南部にあるが、他府県の人にはしばしば京都市伏見区の桃山にあるものと錯覚される。多くが大阪圏に由縁の深い関係者たちは、当然これを快しとはしない。自分たちの大学所在地を間違われることへの不満だけではなく、根底には「大阪」と「京都」との間にある微妙な対抗意識の歴史が息づいているはずだ。名称の由来は省くが、キャンパスの陽春はまことに華麗典雅。職員のＳ氏の調査結果では、苗木まで含めるとその総数五百二本だが、毎春四百数十本の桜が咲き誇る中で大勢の新入生を迎える。その頃には、京都は伏見区醍醐《だいごじ》寺の〝太閤さん〟ゆかりの祭、

桜会《さくらえ》もまっさいちゅう。そういえば、「大阪」と「京都」とを、しっかりと彼が取り結んでいたのである。

秀吉が醍醐で盛大な花見の宴を催したのは、一五九八（慶長三）年三月十五日。前月半ばに近江・河内・大和・山城の四か国の桜七百本を、醍醐三宝院の馬場からヤリ山まで三百五十間《けん》の道の左右に、「吉野のように」移植した（『義演准后日記《ぎえんじゅごうにっき》』）。今日も行列は桃山風俗で再現されるが、当時は五十町四方、三町毎に番所を建てて弓・鉄砲の兵士で堅め、伏見より醍醐に至る間の路傍には埒《らち》（垣）を結わせるという物々しさで（『太閤記』巻第十六）、「何事ぞ花見る人の長刀《ながかたな》」（向井去来）どころの話ではない。

同年八月十八日、朝鮮半島各地に侵略の大軍を残したまま秀吉は、伏見の城内で六十二年の生涯を閉じた。彼の辞世——。

つゆとおちつゆときへにしわかみかな　なにわの事もゆめの又ゆめ　松

のちに伏見城址の山は桃の名所と化して、その名も「桃山」となる。

五　椿

庭池を出た水が、曲折しながらゆっくりと庭の外へ赴く。緊張した面持ちで隣邸の庭に立つ者たちが、静かに流れ出てくる水面に目を凝らす。ああ、まだか、まだか。それで、事は決する。敵の邸内にいる味方が、それを討入の合図として流してくる手筈なのである。使われたのは、なんとまあ、庭に咲く白椿の花。小憎らしいまでの好アイデアであった。ついつい、好きな映画の話になったが、これも懐かしい時代劇日本映画の一こま。椿の花をあんなふうに巧みに使った映画、ほかにあったかしら。ご存じ、『椿三十郎』（一九六二年、監督・脚本＝黒澤明、主演＝三船敏郎・仲代達矢、原作＝山本周五郎『日々平安』より）。椿の花を使う着想は、黒澤監督による（佐藤忠男『黒澤明解題』）。

何年も前、いささか釣りに凝り、しばしば山間の渓流に単独行をしたが、茂みの中にポッと顔を見せる紅や白の椿というのは、実によかった。いや、しかし、釣りの話も禁物である。もう、よそう。高名なプロレタリア文学作家（故人）が夫人から「首を吊るか、魚を釣るか」と血相かえて肉薄されたという恐るべき逸話は、けっして人ごとではなかったのである。

＊

京について思うことがあれば、それがいつも私にとっては幼い頃の若狭の風景――心象風景と重なりやすいことは、以前にも記したことがある（「京都幻像」）。あれこれと迷い続けたあげくに、ここに選び取った話題は「椿」だが、幼少時は祖父母と過ごす歳月の方が長かった私は、「ツバキ」と聞くだけで祖母の髪から漂っていた椿油のきつい香りを思い出す。その香りは、日中祖母に付きまとっている時も、夜、ごわごわした手触りの木綿蒲団にくるまって、先に寝込んでしまいがちの祖母を揺さぶっては聞き慣れた昔話を続けてもらう時も、漂っていた。昭和十年代の若狭でのことで、老母（明治四十年生まれ）の思い出話によると、大島の人だという夫婦者の行商人が決まってやってきて、獅子舞も定宿にしていた豆腐屋兼業の〝旅人宿〟に入り、荷運びの役の夫の方はすぐに引き揚げて行き、残った妻が何日か滞在して在所の家々を廻って商っていたという。稀には家族の誰彼が小《お》浜《ばま》の町で買ってくることもあったが、祖母は常はほとんどその行商人から購入したものを使っていたのだという。大島とは、椿油の特産地として明治いらい急速に商圏を広げた伊豆の大島である。

まあそういうわけで、私にとっては、あの髪油の香りは、覗き込むと自分の顔がゆらゆらと小さく写って見えた井戸の匂いとか、野良の堆肥《たいひ》・下肥《しもごえ》の匂い、潮風の匂い、小浜今宮の魚屋街のそれとともに、まちがいなく往昔の若狭に実在していた〝香りの世界〟の一角なのである。きっと読者の皆さんもそれぞれに、そういう類の世界を遠い記憶の中にひそめていられるに相違ない。

*

ところで、若狭小浜には名高い伝承があって、そのヒロインの――というには、気も遠のくくらいに歳が行き過ぎていたが――名は、同地の空印寺（曹洞宗）にある洞穴のことをあわせて、これまた耳にたこのできるほど聞かされたものである。八百比丘尼《はっぴゃくびくに》という尼の話で、人魚の肉を食べてしまったために不老の身となり、いつまでも十五、六歳にしか見えぬ美貌で諸国を遍歴し、八百年の齢を保ったという。

宮田登氏（民俗学）の解説に頼ると、佐渡に伝わる話ではその生地は佐渡で、人魚の肉のお蔭で千年の寿命を得たが二百年は国主に譲り、八百歳の時に若狭に渡って死んだという（平凡社『大百科事典』11）。この種の伝承は各地に残るが、小浜の人がむりやりに言い張らずとも、八百比丘尼の本家本元は若狭小浜である――ということになっているらしい。さきの洞穴は、彼女の起き伏しの所だと伝えている。

その尼（白比丘尼ともいう）が突然若狭から京の都にやってきて、その噂が公家や高僧たちの耳にも届いたのは室町時代、十五世紀の半ばのことであったが、詳しいことは分からない（『康富記』『臥雲日件録抜尤』）。たぶん若狭路の大原越えかとも思うが、ともあれせっかくお越し下さったというのに、残念である。小浜に残る八百比丘尼の木像が「手に白玉椿の小枝を持って居る」（柳田國男「豆の葉と太陽」）ように、入洛した彼女もやはり、椿の枝をその白い手に握っていたのであろうか。ちなみに若狭の八百比丘尼は源義経の流離譚の流布に深く関係し、山伏姿に身をやつして北国落ちをした義経・弁慶の一行に出会ったことを語ったものという。そして彼女の背景には、数多の女性呪術者・説教者・アルキ巫女《みこ》などの存在が想定されてきているのであるが、八百比丘尼といえば椿が終始彼女の面影に寄り添っていて、北陸・東北の寒冷地での一見不思議な椿の伝播・繁茂ということと、八百比丘尼たちの諸国巡歴ということとが結び合されて、その種子が彼女たちによってもたらされたのではなかったかとも説かれる。また、神樹の一つとしての椿、その呪性ということも、人々に強く意識され続けていたと説かれもするのである。

*

椿の字は、「春の木」。寒椿のことだが寒中に花をつけ、春の訪れをいち早く告げるからだという。椿をツバキと読むのは国訓で、ほんらい漢字のそれはまったく別の木を指し、中国名は山茶・海石榴という（『日本を知る事典』ほか）。さきの八百比丘尼の正体ということでは、山から椿の枝を持って里に現れ、春のコトフレ（言触れ）をする山姥《やまうば》（もしくはやまんば）のイメージも重ねられた。椿による占《うら》だといわれる（「花の話」、『折口信夫全集』2）。平安時代の宮廷で、正月初卯《はつう》の日に用いられた卯杖《うづえ》・卯槌《うづち》は邪気祓いのために地面を叩く具で、その材料には桃を主として梅・柳などが充てられたが、伊勢大神宮では椿のほこといわれる（「鶯《うぐいす》替《が》へ神事と山姥」、『折口信夫全集』16）。

何がどのように巡り巡りしてのことなのか、民俗慣行・俗信の類に目を向けると、この椿という植物についても日本人の反応は種々さまざまで、なかなかと奥は深い。たしかに邪気祓い、田の虫除けなどという側面が重視されるとともに、新生児の宮参りには椿の葉に赤飯を載せたものを氏神様に供えていた地方もあるとのことだが、片や、誰に教わったのか思い出せないものの、幼少時若狭でも、椿は綺麗だが花が首からポロリと落ちる種類のは不吉だという意味のことを聞いたし、長じては、そのために侍が嫌った花だったとも——。もっとも、この「侍が嫌った」云々のことは、江戸時代もだいぶ降ってからのことらしくて、江戸初期の武家には椿の愛好者が多く、二代将軍徳川秀忠も大の椿ファンだったという。

*

話は一転するが、椿の隠喩については、かつて少々こだわったことがある。しかし、その場合に関しては結論は得られず、明確な通説のかぎりに踏みとどまった。少しばかり硬い話になるが、そのことを記しておきたい。

室町時代、後崇光院《ごすこういん》といわれる人がいた（一三七二〜一四五六）。名は貞成《さだふさ》といい、後花園天皇の実父にあたる。この人は、いわゆる持明院統（北朝）に立つ人で、南北朝期の崇光天皇の嫡孫であり、父栄仁《よしひと》親王も、また自分も、皇位継承者たるべきものと堅く信じていた。だが、持明院統内部での力関係と足利将軍家の対応により、けっきょくは父も自分もその願望を果たせなかった。その代わり、後小松上皇の子の称光天皇にしかるべき後継者が得られないままに称光が亡くなるという事態が到来したため、後小松の申出により、長子彦仁《ひこひと》をその猶子《ゆうし》として内裏に送り込むことができたのであった。

彼の日記が室町時代史の基本史料として名高い『看聞日記《かんもんにっき》』（宮内庁書陵部蔵）であり、前述の経過も生々しく告げられているのだが、それと表裏一体のものというべき著作に『椿葉記《ちんようき》』というのがあって、これは村田正志氏（日本史）による精密な校訂・注解が幸いにも早くに成されており、つぶさに後崇光院の論理と心理とをうかがうことができるのである（『證註椿葉記』、思文閣出版より『村田正志著作集』4として復刊）。

この書は、実子たる後花園天皇に対して、ほんらいは崇光天皇の流れが皇位を継ぐべきであったこと、したがって後花園の即位が実現した以上は、自分が「太上天皇」の尊号を贈られて当然である——ということを悟らせるのを目的として、繰り返し加筆訂正のうえ完成し、後花園の内裏に届けられたものであった。その書名を『椿葉記』としたのは、本人の記す所を引くと、左のとおりである。

おほよそ称光院の絶《たえ》たる後《のち》に皇胤再興あれば、後嵯峨院の御例とも申《もうし》ぬべし。八幡の御託宣に、椿葉の陰ふたゝび改としめし給へば、其ためしを引《ひき》て、椿葉記と名付侍《なづけはべ》ることしかり。

文中に「後嵯峨院の御例」「椿葉の陰ふたゝび改《あらたむ》」とあるのは、鎌倉中期の一二四一（仁治二）年冬、後嵯峨院が出家のつもりで石清水八幡に参籠したさい、「徳是北辰、椿葉影再改」との神託（託宣）があり、その翌年になって（四条院系統の断絶により）即位が叶い、後鳥羽院流を再興しえた故事を指す。その事情とそっくりだというので「椿葉」の二文字を充てたという次第である（『證註椿葉記』二九〇頁参照）。これが、書名の由来なのであったが、ではその本家本元の神託に見える「椿葉」の隠喩は……となると、しょせんは上述してきた椿をめぐる観念（想念）・儀礼・慣行の世界——とりわけては宮廷人の椿認識のあり方、また、民間における俗信・習俗の実際へと、私たちは触角を伸ばさざるをえないのではないか。困難ではあるが、そのような試みをあえて重ねてゆくことで、政治史の一こま一こまも、またいちだんと膨らみを増すように思える。

*

さて、京都市北区の大将軍川端町には「椿寺《つばきでら》」の名で知られる浄土宗寺院、昆陽山地蔵院がある。山号は、同寺小堂の地蔵菩薩像が摂津の昆陽寺《こやでら》から移されたことにちなむというが、この寺はその別名のとおり、境内の名木の椿で著名なのである。寺伝では、もともと北野社にあったのを秀吉が気に入って、地蔵院に移植させたとか。名は「五色椿」。陽春のいわゆる散り椿で首落ちせず、二十余枚の花弁が一ひらごとに落ち、地上に散り敷く。守護神の椿大明神様は、京の地主ならぬ〝痔主〟たちの信仰――祈願を集めてきたともいうが、はたして霊験効能や如何。

濃緑の葉をともなって開花する椿にも、まこと種類は多く、植生のことにはいたって疎い私など、図鑑・図録を繰るだけで息を呑んでしまう。多くは近世以後の品種改良によっているらしいが、沿革はともあれ、そのような美事な椿たちの繰り広げる絢爛たる世界へと分け入り、的確に識別し、おのが楽しみとまでする趣味人の世界は、私には終生遠いものに終わること必定である。だが、ツバキという音で呼ばれるこの植物が、この京の随所で四季おりおりに、どのようなたたずまいを見せてくれるのかは、いつかゆっくりと眺め歩きたい。

ところが、鑑賞にたえる銘椿と称えられる椿たちは、なにぶんにも寺院数多の京のこととて、これが結構多いのである。洛東霊鑑寺は名だたる椿の名所だが、その「日光《じっこう》」と宝鏡寺の「月光《がっこう》」、織田右楽斎《うらくさい》遺愛と伝える月真院の大木「右楽椿」、修学院林丘寺には後《ご》水尾院《みずのおいん》遺愛という、白侘助《しろわびすけ》の大椿、その他、その他……。目録を作ってみて、釣りや古書店めぐりならともあれ、元来出無精の私はまたしても気落ちがして参った。なぐさみに と、与謝蕪村門下の京の俳人、召波《しょうは》(注)の一句を。

落ちなむを葉にかゝへたる椿哉

(注) 召波、姓は黒柳氏、通称清兵衛、号は春泥舎。初め江戸で服部南郭《はっとりなんかく》について漢詩を学び、柳宏を名乗る。字は廷遠・玄亭・万年。また、帰京して蕪村に俳諧を学ぶ。一七七一(明和八)年十二月七日没、享年四十五。京では中立売猪熊《なかだちうりいのくま》に住したことが知られる(頴原退蔵『蕪村』による)。

六　麦秋

小津安二郎監督作品の『麦秋』のことにちょいと触れ、画面に麦畑の穂波の光景は出ていたか、などと口走ってしまったら（十三「彼岸花」）、さっそくに玄人跣の映画通の読者からお便りをいただいた。青息吐息の隔月のこの拙文を読んでいて下さる方も世間にはあるのだと大いに感激したのだったが、それによると原節子演ずる娘が嫁いでいった後、故里の大和に帰った菅井一郎と東山千栄子の老父母が茶を啜りながら、麦の穂波の向こうを行く婚礼の行列を静かに見やる場面で終わっていたのを貴殿はお忘れか、という。そんな印象的な終幕部分を忘れてしまうはずがないのに記憶にないというのはいったいどうしたことかと、日をへて日本映画解説書を引っ張り出してひもといてみたら、まさに仰せのとおりであった。筋書を追い直したが、どうもこの作品は観ぬままできたらしい。記憶力には自信はないが、しつこさにかけては人後に落ちぬつもりゆえ、そのうちにレンタル・ヴィデオで――と目がけているうちに、後日、遂に一見の機会を得て、上記のことも確かめた。

ただしこの作品、一九五一（昭和二十六）年の作。封切り当時筆者は高校一年生で、すでに洋画の世界にのめり込んで抜き差しならなくなっていた。高校時代は、しばしば放課後に烏丸車庫前から乗り込んだ市電を、途中の河原町四条で降りてしまった。西南角やや南の、今は高島屋百貨店の一部になっているところに公楽会館という洋画専門館があり、その地下に潜ると公楽小劇場があって、欧米の名画一本建て、料金僅か三十円。ローレンス・オリヴィエ監督・主演の『ハムレット』も、ロベルト・ロッセリーニ監督の『戦火のかなた』もそこで初に観た。狭い館内には〝必要悪〟としかいえない直径一メートルばかりの太い円柱が二本あって、満員の時の立ち見には苦労したものである。三十円といえば高校の食堂のラーメンと同額だったが、母親がくれる小遣い銭は、映画と昼食のラーメンと、そして岩波文庫・青木文庫・国民文庫！（あら、お懐かしき）とであらかた吹っ飛んでいた、といえば、ふだんのお勉強が、どうなっていたかなどという疑問は、発生しないと思う。閑話休題。

＊

「麦秋」という語については、暦の話を授業の中に盛り込む時には必ず説明する。若い人たちはほとんどこの語は知らず、見覚え、聞き覚えがあっても四季の内の秋のことだと思い込んでいて、陰暦四月の異名で、初夏の麦の収穫期をさすことは知らないから話題にするのだが、今更言わずもがなのことながら、ほんとうに凄い勢いで「自然」の認識・知識が若者たちから遠のいている。だが、自分の感覚・感性のほうは、どうなのか。

「麦秋」にこだわりながら、ある絵画作品の部分の解釈に関して受けた衝撃をここでお伝えしたい。絵画作品とは、著名な戦国期の「洛中洛外図」（上杉本）であり、その部分とは、近郊農村部での「収穫」の光景であった。

ここで、別掲の図を好例の一つとしてご覧いただくと（「洛中洛外図」（上杉本）右隻第六～第五扇部分）、刈り入れ──→扱《こ》き落とし──→臼《うす》・杵《きね》での脱穀──→トオシやミによる穀・ゴミの選別が一連の作業で描かれているわけであるが、私なども幾度この屏風絵の写真版に目を凝らしてきたか知れないくらいなのに、洛外農村風景が描かれた中にこのような情景を見る毎に、それをすべて「秋」の「稲」の取り入れ作業だとしか思わなかったのである。

思い込みとは、まことに恐ろしいものである。

というのは、洛中洛外の情景を四季の彩りと合わせて細密に描き込んだこの屏風絵では、例えばこの部分は「秋」ではなくて「春」の部であり、晩春から初夏にかけての近郊農村での麦の取り入れ風景なのであった。「麦秋」にほかならない。その点を初めて学会誌で指摘されたのは、武生市在住の小泉義博氏である（「洛中洛外屏風の農作業風景」）。

小泉氏によれば、この屏風絵には「麦の栽培〜収穫の作業に関してはまことに詳細な描写がなされていて、明らかに稲作よりも目立っている」のみならず「とくに脱穀《だっこく》・脱稃《だっぷ》（注＝モミガラを除く）の作業については（中略）絵師の鋭い観察力が発揮されている」のが注目されるが、稲作として描かれているのは夏の稲田、秋の稲刈り・稲運び、冬の荒田の犂起こしだけで、「稲作の最も重要な作業である田植えや、稲扱《こ》き・籾摺《もみす》り・選別などの光景は、この屏風には描かれていない」のである。屏風絵中の随所には野菜畠も目立つが、氏はそのことも合わせて、戦国末期の京都洛外においては麦作・野菜作の畠作が中心の農業＝都市近郊型農業が成立していたことを指摘されたが、その分析は稲と麦との作業手順の差異、並びに用具の検討にまで及んで説得的であった。

問題は、氏も課題として残されている二毛作の発達の程度のことで、麦作には稲作と違

麦秋（上杉本「洛中洛外図」部分。山形県・米沢市蔵）

って灌漑用水の導入がなく、枯草や灰に加えて大量の厩《きゅう》肥《ひ》・下肥《しもごえ》の投入が必要となる。下肥については、なにしろ列島上最大の人口集中をみせた京都のことだから産出量は抜群であったろうが、それの集配のシステムが確立するには、高瀬川水運が安定してのちの江戸時代を待たねばならなかった。市中の町屋の壺に溜まった小便の多くは桶に汲み取られて車で搬出され、高瀬川を上下する高瀬舟で洛南一帯の農村部に運ばれ、東九条村が総代となる諸村連帯で配分された（奈良本辰也編『京都故事物語』）。そのようなシステムができるまでの実態は、前記屏風絵に少々先立つ別の屏風絵（「洛中洛外図」町田本）に、桶と柄杓での下肥の施肥らしい寸景が描かれるほかは、残念ながら不明である。

＊

風薫る「麦秋」のことからついつい香り高き話題に及んだが、隠喩息づく都の歴史には、その方面の匂いもまた連綿と生き続けたわけであり、平安京における街路・路溝の汚穢と清掃のこと（高橋昌明「よごれの京都・御霊会・武士」）に始まって、建武新政の頃の「二条河原落書」にいう洛中空地の「クソ福《フク》」（便所の異称）化のこと、さらには近郊畠作充実期の問題をへて、近世大都市での終末処理システムにまでも及ぶ壮大かつ滔々たる屎尿《しにょう》の流れは、〝闇の京都史〟を根底で支えたのであるが、筆者はそれに首を突っ込まぬまま、こんにちに至った。

そういえば、学部を卒業して大学院に進むことになったとき、若狭でまだ健在であった祖父と黄昏近い田野を散歩した。祖父とあれほどゆっくり話せたのは、あれが最後ではなかったか。北川という川の土手の上であったか、百姓一揆の指導者として松木荘左衛門長操《ながもち》が一六五二（承応元）年に処刑された跡だと伝える土手下の老松の傍だったかで、「大学院ちゅうと、まるで寺みてえなのぉ……」と持ち前の皮肉を吐いたあと、どういうことを勉強するのかと確かめた祖父は指先でぐるりと田んぼの範囲を示し、「あすこからこのへんまでよお、何町歩くれえあるんか、おめえにゃ分かるんこお？」と訊いた。答えられなかった。こちらは、中世の荘園史をやりたいということを平たく告げていたのである。

なかなかの男であったが、祖母が先立ってまもなく、そのあとを追うように他界していった。

ちなみに、数年前ある年長の近世史家が、何人か同席の京都は寺町通《てらまちどおり》の酒房で口角泡を飛ばす、その粘り強い口調に心打たれた。この人の言も、筆者は忘れまい。

近年は昔が良かったみたいな議論が歴史学者の中にも多いけれど、農業の機械化一つとったって、そのために百姓の中には二つ折れに腰のひん曲がっちゃったのは滅多な事いなくなったんだ。田植えだって草取りだって稲刈りだって、何年かやり続けてみりゃあ、そうそう簡単に昔は良かったみたいな論は吐けんはずですよ。

「昔は云々」ということで連想したのだが、大室幹雄氏の『寅さんがタバコを吸わない理《わ》由《け》——現代映画習俗誌』もまた辛辣である。氏は言う。

各地の博物館や民芸館に復元されている「民家」などは、例外的に美観も機能も整っている近世豪農豪商の家屋敷が（中略）実体なので、同じ屋根の下に牛馬と暮して、蠅《はえ》・蚊《か》・虻《あぶ》・蚤《のみ》・虱《しらみ》にせせられながら寝藁に潜り込んでいた人民のあばらやなんかではないのだ。（下略）

と（「『民家』と『いじめ』」）。老婆心ながら申し添えるが、この人けっして人民闘争史観の持ち主ならず。そういう「民家」に象徴されていた封建制・地主制・家父長制下での地域社会の構造、人と人との関係の有りてい、その本質から目を離したところで「文化財民家」を讃えてはならぬのであろう。氏はまた、こうも言い切る。

日本人は伝統的に自然をこよなく愛し、それに親しんできたという通説がある。ほんとうにそうか？　飢寒の心配にさいなまれていた農民たちが自然をどう見てきたかは、一言で、不明である。（下略）

と（「首吊りの木の昔と今」）。

この「不明」というところから、いつも歴史を観る視点を〝再出発〟させて行く弾性を歴史家は保たねばならない。京の洛中洛外の歴史を生きてきた人々、その心についても――。

＊

好きな挿話なのだが、応仁・文明の乱後の復興もままならず寂《さび》れきっていた京都に、高名な旅の連歌師が駿府《すんぷ》から久方振りに戻ってきた。名は柴屋軒宗長《さいおくけんそうちょう》、時に七十九歳。一五二六（大永六）年五月のことである。東海道逢坂《おうさか》の関を越えて東山の粟田口《あわたぐち》に到ったが、その間、人ひとりにも出会わなかった。「さしも此の峠は、笠を傾け、肩を擦り、馬・輿《こし》さりあへざりし道ぞかし」であったのに、なんというこの往還の寂れようか。宗長は、続けてこう記す（『宗長手記』）。

京を見渡し侍《はべ》れば、上下《かみしも》の家、昔の十が一もなし。只、民屋の耕作業《なりわい》の躰《てい》、大裏《だいり》（内裏）は五月《さつき》の麦の中、あさましとも、申すにも余りあるべし。

七　菖蒲

皐月《さつき》・早月・五月――。

賀茂《かも》の社にお参りの途中、おりからの田植で数多の女たちが新しい折敷《おしき》のようなものを笠にかぶって立ち、歌を歌いながら、まるで折れ伏すように、また、何をするとも見えないで、あとずさりしてゆく。「あら、どうしたのかしら、面白いこと……」と思って眺めているうちに、

郭公《ほととぎす》、おれ、かやつよ、おれ鳴きてこそ、我《われ》は田植《たう》うれ。

（ホトトギスの奴め、お前もあいつも、お前ら鳴きおる、わしら田植じゃ。）

なんて、ホトトギスのことをひどく不躾《ぶしつけ》に歌っているので、がっかり。

がっかりしたのは筆者ではない。清少納言女史であった（『枕草子』二一二段）。彼女は、

サオトメたちの田植の作業が「後《うしろ》ざま」に進むこと、いや、進まざるをえぬことすら、ご存じなかったのである。
ホトトギスと聞けば、ついつい、『夏は来《き》ぬ』という唱歌（佐佐木信綱作詞）が口をついて出る。

卯《う》の花の　匂う垣根に
時鳥《ほととぎす》　早《はや》も来鳴《きな》きて
忍音《しのびね》もらす　夏は来ぬ。

五月雨《さみだれ》の　そそぐ山田に
早乙女《さおとめ》が　裳裾《もすそ》ぬらして
玉苗《たまなえ》植《う》うる　夏は来ぬ。（下略）

オカラを「卯の花」というのは名言だが、生垣のウツギ（空木）が小さな白い花をいっぱいに咲かせて、そこはかとなく辺りに香を漂わせ、ホトトギスの声が耳たぶを打つ頃、夏は来ていた。牛車で遠出をした清少納言が見た洛北の田植の日は、五月晴れだったか。とすると、車輪の下に踏みしだかれた蓬《よもぎ》が、車の回るにつれて、近く強い香《か》を屋形《やかた》の内の彼女の鼻先に送り込んでもいたであろう（二〇九段）。
また、五月四日の夕景ともなれば、赤衣《あかぎぬ》の男どもが左右の肩に、きれいに切り揃えた「青き草」をたくさん担って行く姿にも風情があったという（二一一段）。赤衣――、つまりは赤色や桃色の狩衣の男どもというのは検非違使の下部《しもべ》か公家のそれだろうが、何はさておき、この「青き草」とは『枕草子』諸本の表現に「五月四日」を「五六月」とするのもあって確証されないそうで、「五月四日」ならば菖蒲《しょうぶ》だろうという。翌五日の節句（節供）に不可欠の料であり、俗にいう〝六日の菖蒲〟は〝十日の菊〟（十四「菊花」）と同じく、間に合わぬことの比喩。ちなみに、九月十日生まれなので菊雄と名付けられた人も現にいる。

さて、その五月五日の節句には菖蒲と蓬で緑一色。清少納言ほどのお方も、「節《せち》は、五月にしく月はなし。菖蒲、蓬などのかをりあひたる、いみじうをかし」とし、五月五日の端午《たんご》の節句（節供）こそは、正月七日の人日《じんじつ》、三月の上巳《じょうし》、七月七日の七夕《たなばた》、九月九日の重陽《ちょうよう》（菊の節句）を合わせていう一年の内の五節句の中でも抜群だと讃えたあと、次のように告げていた。

九重《ここのえ》の御殿《ごてん》の上をはじめて、言ひ知らぬ民のすみかまで、いかで、わがもとにしげく《（繁）》

葺《ふ》かむと、葺きわたしたる、なほいとめづらし。いつかは、異《こと》をりに、さは（さように）したりし。

禁中の御殿の軒はいわずもがな、下々の民の住まいにいたるまで、なんとかして自分の所には他よりも多く……と意気込んで菖蒲や蓬を一面に葺きわたしているのは、やはり興味深い光景であり、いつ、ほかの節句でこんなことをしたろうか、とまでいうのであるから（三六段）、平安京史における陰暦五月五日の都市景観像には、薫風に乗って大路・小路を漂い渡る二種の植物の匂いも加わらねばならない。菖蒲・蓬のあの匂いをご存じの方の鼻先には、すでにそれは及んでいようが、それこそは、昔の人々が感得していた摩訶不思議な呪力の証《あかし》であった。

＊

各地に分布する昔話の一類型に「食わず女房」というのがある。

京都府の船井郡（丹波）に伝わった話では、とびきり別嬪《べっぴん》の嫁さんをめとった夫が、いっこうに飯を食わぬ女房を不思議に思い、二階に隠れて様子をうかがっていると、実は、女房の頭には大きな口があり、そこから、一斗釜で炊いた大飯を食らっていたのである。

正体は蛇で、見られたと知った女房——いや、蛇はどんどん夫を追いかけたが、夫が菖蒲のある所に身を潜めていると通り過ぎてしまい、助かった。それからというもの、屋根に三つ菖蒲を差すようになったとか。

同じく京都府北桑田郡の話では、飯を食わさねばならぬから……というわけで嫁をめとろうとしなかった五十男のもとに、飯は全然食わんという殊勝な嫁が来てくれた。不思議なので二階に潜んで見ていると、頭のなかの大口に握り飯をいっぱい放り込んで、鬼のような姿になる。あとで夫は嫁を肩に載せ、菖蒲の生えている所に連れて行き、菖蒲を噛んで嫁に投げつけたら、嫁は死んでしまったという。いずれの話でも、異類・魔物退散の霊力を菖蒲が具現した話だが、他地方の類話の中にも結末に菖蒲の呪力が働く話は多く、そこへ蓬の力も加わると効果倍増という次第なのである。

人間の娘に懸想《けそう》し、夜這《よば》いで子を孕《はら》ませたという『蛇聟入《へびむこいり》』では、その蛇が母親から、人間は菖蒲湯に漬かると腹の子はみんな堕《お》りてしまうと知らされているのを盗み聞いた娘が、菖蒲と蓬とを採ってきて風呂をたて、入浴すると、案のじょう蛇の子が堕りて出た……という類である（新潟県栃尾市。なお以上の昔話は、関敬吾著『日本昔話大成』による）。

＊

ちなみに、五月五日の菖蒲湯は禁裏御所《きんりごしょ》の御湯殿《おゆどの》でも立てられていたが、その料の菖蒲は梅ヶ畑《うめがはた》（右京区）の菖蒲谷《しょうぶだに》で採取され、献上されていた（『御湯殿上日記』）。また十八世紀の書だが、月順に正月朔日《ついたち》より臘月晦日《みそか》まで、一年の儀礼・祭式・習俗などを細かに記した黒川道祐の著『日次紀事《ひなみきじ》』の五月初四日条には、

古は禁裏院中殿舎の菖蒲、主殿寮《とのものつかさ》これを葺く。当時、山城国小野庄六郷の民、烏帽子・素襖《すおう》・袴を著《ちゃく》してこれを葺く。中古に到りて小野ことごとく主殿寮これを領知す。これに依って今、小野よりこれを勤む。

と見えている。ここに「小野庄六郷」云々とあるのは、賀茂川上流の雲ヶ畑川流域、清滝川流域とその支流真弓川沿いにわたる旧称〝小野山〟一帯をさし、同地に住んで朝廷の諸役を勤仕した〝小野供御人《くごにん》〟らが、禁裏警固役などとあわせて「五月四日の菖蒲役」も奉仕し、端午節句の前日の晩頭に内裏・殿舎・廻廊・諸門の屋根に菖蒲を葺いたのであった（『年中行事抄』）。更にまた、井上頼寿氏の『改訂　京都民俗志』によると、同じく禁裏御所の屋根の菖蒲葺きには雲ヶ畑《くもがはた》（北区）六郷の菖蒲株《しょうぶかぶ》という組の人たちが奉仕したと記し

たあと、つぎのような伝承を紹介している（傍点＝筆者）。

伝説によると、昔つつが虫が人をさしたので、菖蒲と蓬とを節句に入口へ吊ったら虫を避けるを得た。その式が絶えていたのを、小野篁《おのたかむら》が雲ヶ畑へ隠遁していたとき再興した。その縁で同村六郷の者が御所へ出入りするようになったのであるという。

菖蒲のことも蓬のこともこきまぜて全国的にみると、菖蒲や蓬を軒に差したり、屋根に置いたりしておくと魔除け・厄除けになるという信仰の広がりは、まことに驚くばかりであった。旧備中国都窪郡常盤村出身のつれあいは、幼少時より、端午の節句の前日に刈り取ってきた菖蒲・蓬を父親が束ねて屋根のあちこちに放り上げ、出入口の脇にも止めおくのを毎年初夏の嘉例として眺めつつ育ったし、我もまた若狭の農村での菖蒲湯の香を、湯煙とともに思い出す。火難・病難の予防策ではあった。かつては、京の町々の風呂屋（東京風《ふう》に銭湯などとは、どうまちがっても言わなかったものだが）では、端午の節句には入口の唐破風《からはふ》に菖蒲を差していたし、菖蒲・蓬を束ねて浸した風呂屋の菖蒲湯は、家風呂の急増で経営不振――店仕舞いのあいつぐ京都公衆浴場業界でも、今日なお健在。心臓に良いからと、その束を胸に抱き、首まで漬かってご機嫌の老人たちも、その効験あってか、これまた健在。善哉、善哉。

ついでながら、先の黒川道祐の別の書、『雍州府志《ようしゅうふし》』巻六によると洛南伏見の美豆《みづ》（伏見区淀美豆町）には菖蒲が多く、「洛下、端午、用ゆる所ことごとくこの所より出づ」とまで記す。話半分としても、凄い量の菖蒲が京に搬入されていたのである。

＊

菖蒲・蓬双方一対の適用も中国からの伝来といわれ、菖蒲は剣を、蓬は鞭を象徴して（蒲剣蓬鞭）、両々あいまって悪鬼を撃つことを象《かたど》ったと説かれる。ただ、菖蒲は我が国では古くはアヤメ（安夜売）・アヤメグサ（安夜売具佐）と称された植物に菖蒲の漢字を充てるようになったため、やがてそれがショウブと呼ばれるにいたったという。諸辞典の解説に頼ると、

菖蒲《しょうぶ》はサトイモ科の多年草で水辺に群生。全体に一種の香気があり、地下茎は白または淡赤色で節が多い。葉は群がって直立、剣状線形、長さは五〇〜九〇センチ、初夏に葉間から長さ二五〜四〇センチの花茎を立て、先端に淡黄色の小花の密集した長さ約五センチの円柱形の花穂をつける。アヤメ科のハナショウブをショウブと称することもある。漢名は白菖、菖蒲は本来セキショウ（石菖）の名。

ということになる。

ところで、端午の節句というと、むろん男児の節句。三月三日の雛祭《ひなまつり》が女児の節句であるのに対する。これが通念なので、「もともとは、端午の節句も女性の節句だったとさえいわれる」などというと、学生たちは一様に「えっ？ ウッソー」という顔付きになる。関東地方以西に見られるというが、古くからの習俗のなごりとされるものに「女の家」があり、いま蛸島直氏（民俗学）の解説をかりると、これは地方によっては「女の宿」「女の天下」「葺《ふ》き籠《ご》もり」などともいい、五月四日の宵節句から五日にかけて女性が家に籠る行事で、例の菖蒲・蓬を軒に差す習慣を「女の屋根」と呼ぶ土地もあるとか。民俗学では、田植月である五月とて、田の神を祀る女性が慎みの時として菖蒲と蓬とを葺いた家の中に籠り、物忌み精進につとめたのが源流だろうと推察されている（平凡社『大百科事典』2）。

ご多分に漏れず、賀茂社参の途次の清少納言を田植の仕草で興がらせ、ホトトギスをあしざまに罵る甲高《かんだか》い田植歌（八「卯花垣」）で慨嘆させていたサオトメたちもまた、事前には「女の家」の慣わしにしたがって忌み籠りをし、精進潔斎を済ませていたにちがいない。

そしてそのような民間習俗における菖蒲や蓬のもつ隠喩、呪性というものは、清少納言も見なれていた宮廷社会での端午の節句の慣行・年中行事・遊びごとの数々にも通底し、大きな円を描いて連結しつつ、息づいていた。

不浄・邪気払いの聖シンボルとして献上・贈答され、御《み》帳台《ちょうだい》・簾《れん》・柱などに掛けられた華麗な薬玉《くすだま》は、菖蒲と蓬とで結ばれたままの姿で、菊花と取り替えられる秋九月の重陽の日を待っていた。また、五月五日の賀茂《かもの》競馬《くらべうま》の騎手たちは菖蒲の飾りを身に付けてハレの場に臨み、〝菖蒲合せ〟はむろんのこと、菖蒲のその根が保つ強烈な呪力（薬効）への賛仰の念が引きだしたに相違ない〝菖蒲の根合せ〟などの遊興も、上下を問わずに楽しまれていた。それに菖蒲鉢巻・菖蒲兜・菖蒲刀での合戦ごっこ、菖蒲打ちの競合、寝所の菖蒲枕、さらには後世、京の町家で使用人に五月五日から月の内限りのお仕着せとして着用させた菖蒲《しょうぶ》帷子《かたびら》、一名あやめ帷子《ひとえ》。これは晒し布を紺地白に染めた単《ひとえ》であった。ちなみに、室町時代の臨済禅僧、横川景三《おうせんけいさん》（一四九三＝明応二年没）の詩文集『補庵京華後集』（『五山文学新集』1）の中の「垂語」には「菖蒲茶」の名が見えて珍しく、一啜《ひとすす》りで眉が上がる（苦い）とあるのが面白い。

＊

京都府内でも例はあるが、熊野郡久美浜町《くみはまちょう》（丹後）の市野々《いちのの》という所の天満神社にも菖蒲田植という興味深い行事が伝来していた。それが「しょんぼり田植」と現地で呼ばれるのは、ショウブの田植の音が訛ったのであろうか。五月五日に、短く切り揃えた菖蒲の束をサナエに見立てて執り行なわれる田植の神事で、いま全てを植木行宣氏（芸能史）の調査研究報告に頼ると、この神事の始終は以下のようである（京都府教育委員会編・発行『京都の民俗芸能』）。

当日、十七、八センチに切り揃えた苗（菖蒲）を束ね、菖蒲の根で作ったツノを付して、割り竹で担った男児（小学生）たちが宮に集う。束の太さは年長ほど太い。それを広場の中央に撒き散らしておく。やがて青年たちによる音頭（歌）と締太鼓の囃子《はやし》、それに

しょんぼり　しょんぼり　たぁうえ

という掛け声の中で、一斉に苗の所に駆け寄った子らは苗をつかんでは高々と放り投げ、「菖蒲の苗が雨となって降る」（前掲書）。この、投げ上げる所作が、はじめの「苗取り」の音頭、

〽この稲は何所の稲、巴が里なる高い田の苗

が都合十二回、また、これにつづく「植付け」の音頭（全十二番）も一節毎に十二回ずつ繰り返されて行くあいだ、蜿蜒《えんえん》と続く。音頭の囃子詞《ことば》も古く、二番ずつ対応する形式の

「植付け」の音頭のありようもまた、遠い中世の田植歌を偲ばせるという。その「植付け」の音頭の初めだけを同書から借りて記すと、左のとおり。

一、〽是れの田中の三反田に
　つばくろ（燕）が巣かけて
今年此の稲は　今年此の稲は
七花八升付き　八花九升
七花八升付き　八花九升

特例的な場合を除けば、おおむね燕の巣がけは縁起が良いとされ、田の神（穀神）を導くとさえいう。「七花八升付き　八花九升」とは、喋々するまでもなく豊饒へのしたたかな期待。そして、天空と大地とを取り結ぶ、この珍しく豪放な「植付け」作業を担うのは、かつては九歳から元服（十五歳前後であろう）までの男子、つまりは〝神の子〟たる立場を離れて以後、地域社会の中で成人男子として認められる以前の年齢層の男子なのであった。

＊

菖蒲といえば、河川池沼の汀のものだが、面白いのは〝橋の下の菖蒲〟で、能の狂言の内、鬼山伏狂言の部類ではしばしば不思議な山伏の呪文が唱えられる。

橋の下の菖蒲は、誰が植えた菖蒲ぞ
折れども折られず
刈れども刈られず
ボーロン　ボロン
ボーロン　ボロン

近世の京の子らも、類似の童謡を歌っていたのか、喜多村信節の『嬉遊笑覧』（一八三〇＝天保元年）が収める草履蹴り遊びのわらべ歌の一部を後に掲げて、この章はお開きに。

ざうりけんじょけんじょ
おてんまてんま
橋の下の菖蒲
さいたかさかぬか
まださきそろわぬ……

八　卯花垣《うのはながき》

「菖蒲」（七）に関連して触れていながら、言い及ばなかったことがある。『枕草子』が伝える有名な、賀茂の辺りの早乙女たちが歌っていた

郭公《ほととぎす》、おれ（己）、かやつ（彼奴）よ、おれ鳴きてこそ、我《われ》は田植《たう》うれ

という田植歌の話でホトトギスと卯花《うのはな》に絡むことだったが、この歌の意味をどう読み取るかは単純なことではない。

実は、あの一文が人目に触れたあと、程なく中世史家の戸田芳実氏が逝かれた（一九九一年八月二十九日）。ごく若い頃、中世の所謂被差別民の問題については「特権」と「保護」の問題を日本封建社会全体を見渡す視点から更に追究し続けるべきだと励まして下さったのも、既に断念してしまった研究分野での問題とはいえ、今日なお新鮮な示唆として

筆者には忘れ難いのだが、その戸田氏は四十代の半ば、一九七六年の業績で、平安時代の農民社会での卯花・郭公（時鳥）の意味について、先行の諸説を検討・整理し、定見を示していた（「十―十三世紀の農業労働と村落――荒田打ちを中心に」、遺著『初期中世社会史の研究』に再録。その他）。

詳細は割愛するとして、その研究によると、二月如月の田の神祭に次いで、卯月には、家の神・氏神の祭の四月神祭が執り行なわれ、折しも家々には氏神の花と見なされた卯花＝ウツギの花が咲き競ったが、この花が聖なる氏神の花とされたのは、その木が「卯花連垣」ともいわれたように「民宅や園をとりかこんで守る生垣として列植されていたことによるのであろう」とし（同書、七四〜七五頁）、更に、各地でのウツギの方言名が

〔一〕開花季節により農事の季節を知らせる名（サートメ＝早乙女、タウエバナなど）

〔二〕生垣や畠の境界を表す名（サカイギなど）

〔三〕死者の葬送に関する名（シビトバサミ、ホトケバナなど）

に大きく三分類されるという植物学者倉田悟氏の研究も紹介して、これら全てが平安以来のものとはいえずとも「四月神祭と氏神の花との関係を歴史的前提とした、中世農民のイエと卯花の密接なかかわり方をよく示すもの」と説いた（同書、七六頁）。

あの「卯の花の匂う垣根に……」の唱歌に浮かぶ農村の光景が、農民の生産生活の長い歴史を背負うものであったことは既に明白だが、では、そのあとに続く「時鳥《ほととぎす》　早《はや》も来《き》鳴きて」の、ホトトギスの方はどうか。ここで、

郭公、おれ、かやつよ、おれ鳴きてこそ、我は田植うれ

の田植歌の読み取り方が問題となる。清少納言はその歌声を聞いて「心憂き」（嫌だ）としたのだったが、その受けとめ方に添って解釈する説が学界では強いことをふまえた上で戸田氏は、中世歌謡の宴曲《えんきょく》「郭公」に、

……おれ鳴いては早苗《さなえ》とり　丸《まろ》は田に立つ営みに　賑《ひぎわ》ひ渡る君が代の　げに治まれる時の鳥

とあること、また、幸若《こうわか》舞曲歌謡に、

田植ゑよ早乙女　皐月《さつき》の農《のう》をはやむるは　勧農《かんのう》の鳥　郭公　やまがら　こがら　しじうから　この鳥だにもさ渡れば　さつきの農は盛りなり

とみえているのを挙げて、例の早乙女たち（農民）の田植歌の心は「憂き」どころか逆に「一種の親愛感」に満ちており、その気分は、農作業を励ます鳥、農事を早めてくれる鳥という農民のホトトギス観にもとづくのだ——と提唱した。だから、氏の解釈は、

ホトトギス

時鳥よ、お前よ、あいつよ、お前が鳴いてくれるから、そのおかげで私たちは田植をすることができるのだ

となる（傍点＝筆者）。喜びの歌であったというわけだ。この歌声の余流が、あの唱歌の中にも生きていたのは否定しえず、幼少時の幽かな記憶の内にも、卯花垣の影は、仄白《ほのじろ》く漂う。

白い卯花と対のホトトギスは、田長《たおさ》・田長鳥という異名をもっていた。田長とは「田のぬし・農夫のかしら」だが、ホトトギスをそう呼ぶのは「死出《しで》の田長」の略だという。死出とは、死出の山＝冥界への旅立ちであり、ホトトギスは輪廻転生《りんねてんしょう》の三界《さんがい》・六道《ろくどう》を飛び交う鳥だという見方も強く、魂《たま》迎え鳥・冥土の鳥などの呼称もあって、平安貴族の世界にはホトトギスの鳴き声に不吉の気配を感じとる風《ふう》があったのも、それによる（太田晶二郎「ホトトギスと史料」、佐々木清光「ホトトギス　民俗」、三谷榮一『日本文学の民俗学的研究』ほか）。だが、夕暮れ時にこの鳥が鳴き渡る風情などは「すべていみじき」と愛好しながらも、賀茂詣《かももうで》の日まで田植仕事を観察したこともなかった清少納言は、早乙女たちが甲高い声立てて喧《かまびす》しく斉唱する共同性の意義などは分からぬまま、親愛の情と生産の喜びの籠もるその歌を、ホトトギスたちへの粗野な罵りとしてのみ聞きとってしまった――ということになろうか。

それにしても、しょせんは農作業のきつさを心身に刻まぬ筆者には、折れ伏すようにして早苗を植えながら高声張り上げていた早乙女たちの心の波動、その実相まではとうてい見えてこない。

彼女たちの心性を、宴曲・幸若舞曲歌謡などを主材料として、そこに歌い込められた豊饒予祝・喜悦の念に目を留めつつ解するか、それとも清少納言の耳が露《あらわ》に聴き取った声《こわ》音《ね》・調子というものに拘泥しつつ、ホトトギスどもの気楽さに比して田植に従事する身の辛さが偲ばれる……というように見るかで、清少納言が聴いた田植歌の現代語訳の調子・表記は正反対になり、そのいずれかが〝民衆像〟として史家各人の胸底に定着する。

実際には、洛北賀茂の早乙女たちの心は、その双方の間を揺れ動き、弾みながら生きていたはずだが、今はただ、映画『七人の侍』の最後のあの田植と田楽《でんがく》の場面が瞼に浮かび、張りのある華やいだ歌声が耳たぶを打つばかり。

〔付記〕田植、田植歌の表記について、七　菖蒲、八　卯花垣では原著を尊重して、〝え〟を送っていない。

九　笹の葉さらさら

五月早々の教室で菖蒲《しょうぶ》の話をしてみたついでに、その強い匂いのことに及んだが、後日、連休明けに、たまたま花屋さんでアルバイトをしているという女子学生が話しかけてきた。授業を聴いた直後に、お店に菖蒲が入荷、「あ、これが……」と感激。初対面のそれを手にとり、眺めつ透かしつするうちに嗅いでみて、うむ、なるほどと納得。たったそれだけのことを喜色満面、身ぶり手ぶりも交えて伝えてくれたのである。授業の中味などはすっかり忘れても、〝菖蒲の君〟の初印象は、末永く彼女の記憶に残ろうか。教室では「忍びで漏らす」だと大変じゃ、「忍び音漏らすやで」と念押ししながら、例の『夏は来ぬ』も臆することなく歌ったが、聞き覚えがあるというのは一割以下、卯花ともなると、見知る若者は皆無であった。よーし、七月早々の教室では「笹の葉さらさら……」をみんなで歌おう。まさか、これも知らんとは、いわせぬぞ。

＊

話は飛ぶが、大学という世界での建造物の起工式風景もそれぞれである。最初に専任として勤務した禅宗系（臨済宗）の私立大学では僧職者が主宰して香を焚き、般若心経が読誦され、鍬入れの儀礼が執り行なわれた。次に勤めた国立大学では一貫して施工者任せの、神職者の主導による神道方式の地鎮祭。そして現在の勤務先はキリスト教系（聖公会）なので、それ風《ふう》の〝地割り式〟という次第である。ちなみに、ある無宗教の私立大学の場合、ずっと神道方式の地鎮祭で来ていて、それも結局は施工者任せによる慣行だという。国公立・無宗教の世界に、建設業者の通念・慣行というわけで神道方式の地鎮祭というのがすんなりと入り込みやすいのが実情のようだが、そこかしこの宅地造成地でもこの神道地鎮祭は蜿蜒《えんえん》と命脈を保ち、御幣《ごへい》のついた注連縄《しめなわ》が張られた四本の葉竹が、式後の夏風に幾日も揺れている。

風吹きわたる日の鬱蒼たる竹藪の中は、いつも音を立てていた。スズメの囀《さえず》り、目先に群れる藪蚊《やぶか》の羽音、竹幹の撓《しな》る音、空に伸びた幹先の触れる音、枝葉の擦れ合う音。その葉擦れのかそけき音は、「わが屋戸《やど》のいささ群竹《むらだけ》吹く風の音……」（『万葉集』四二九一）でもあった。「笹の葉、さらさら」とは、よくいったもの。

笹の葉　さらさら　軒端《のきば》に　揺れる
お星様　きらきら　金銀砂子

誰しもが幼時よりなじみの深い七夕の童謡である。七夕とは、いわずと知れた七月七日に織女星《しょくじょせい》と牽牛星《けんぎゅうせい》とを祀る嘉例の夏行事で、七夕祭とも星祭《ほしまつり》とも。古くには宮中の五節《ごせっ》句《く》（節供）に中国伝来の乞巧奠《きっこうでん》があり、その夜、天の川の両岸に現れる織女星と牽牛星とが鵲《かささぎ》の翼を延べて橋とし、織女がそれを渡り牽牛に対面するという中国伝説に古来の棚機《たなばた》津女《つめ》（機織女）伝承が結び付き、庭先に供えものをして葉竹に五色の短冊などを飾り、女子が裁縫・書道等の技芸の上達を祈願したものである。その後、願い事はその種類を問わず行なわれるようになり、町なかで行きずりに見かける七夕竹を彩る短冊に、たどたどしい筆跡の願い事を読むと、心暖まるものもあり。例えば「うちゅうにいきたい」などと。「何処何処へ」とはいわずに「何処何処に」というのは、「京に、筑紫へ、坂東サ」（『実隆公記』明応五年正月九日条）のくちで、まさしく京都弁。伝流とは、まことに怖いものである（十「言の葉」参照）。

＊

牽牛星は鷲座の首星アルタイル。織女星は琴座の首星ベガ。わが国では牽牛星の呼び名よりも、彦星《ひこぼし》の名のほうが親しいものであったらしい。

ところで、わが身を、その彦星との年一度の逢う瀬を待ち焦がれる織女星になぞらえて、「としどし（年々）、七夕にうたをよみてまいらせし」女性が鎌倉初期の京にいた。七夕の歌だけで通算五十一首にものぼる。その人の名は建礼門院右京大夫《けんれいもんいんのうきょうのだいぶ》（生没年不詳）。七歳十七の頃に建礼門院（安徳天皇の生母、平徳子）に仕えて宮廷生活を送ったが源平交替期に遭遇し、二十九歳で愛人の平資盛《たいらのすけもり》を失った後、半世紀近くもの余生を歌とともに生きた。歌集『建礼門院右京大夫集』に収まるのは全三五七首（巻末併収の藤原定家への一首は別）、その七分の一までもが〝七夕の歌〟というのは異例に属するが、最初の歌は、

七夕のけふやうれしさつつむらん　あすの袖こそかねてしらるれ

である。今宵逢う瀬の嬉しさを包む袖とて、一夜明くれば別離の涙に濡れよう、という。

その「うれしさ」は、

あひにあひてまだむつ言もつきじ夜に　うたて明けゆく天の戸ぞうき（憂き）

の、「むつ言もつきじ」という共寝の男女のさまにつながって艶がある。この「あひにあひて……」は、「年一度の逢う瀬に遭遇して……」と言葉どおりの淡白な解釈のほかに、「何度も抱擁を繰り返して……」と解し「官能的な歌」とみる考えもあって（中村真一郎『建礼門院右京大夫』）、私などはいつも後者に惹かれがちだ。

そして最後の一首は、「このたびばかりやとのみおもひても、又かずつもれば」（今度が最後かと想い込んでは、また歳を重ねてきたが）という詞書が添う、

いつまでか七《なな》つのうたをかきつけん　知らばや告げよ天《あま》の彦星

であった。斯様にして、いったいいつまで自分は七葉の梶の葉に手向《たむ》けの歌を書き付けるのであろう、天の彦星よ、私の余命を知るのなら教えておくれ、と呼びかけるのである。七夕祭の歌は梶の葉に記す習いであった。

さて、今は亡き精神病理学者島崎敏樹氏（一九一二〜七五）の、私の心に深く残る名言に、「幸せはまどろみであり、不幸はめざめである」というのがあった（『生きるとは何か』）。「不幸」は「喪失」でもあるのだが、顧みれば十数年来、私自身が家族共々の生活のなかで幾度この言葉のコトダマに励まされ、支えられてきたことか。また幾人の若者たちに、この本を勧めてきたことか。国文学者でもなく歴史学者でもない島崎氏のこの一書

は、歴史研究者自身もまた、自分の「生」を見つめることを通してしか、歴史のなかに生きていた人間に教われないのだ、ということを教えてくれたのである。島崎氏によると、建礼門院右京大夫という、実名も分からぬこの一女官は、「星空の美の発見者」の一人であった。他にもう一人、

我ひとり鎌倉山を越行けば　星月夜こそうれしかりけれ

の一首を遺した平安末期の女性歌人、肥後《ひご》がいたが、建礼門院右京大夫が「星空の美の発見者」となれたのは、「それは充実した生を失うことをとおして、人は自分と世界に気づくようになれるものだから」という。

壇ノ浦での資盛入水《じゅすい》のことが伝わった年の暮、十二月一日頃の夜半《よわ》、比叡山麓、近江は坂本の辺りで「ひきかづき伏したる衣を……ひきのけて空を見上げた」彼女は、「これは折《おり》からにや、異《こと》なる心地《ここち》するにつけても」と星空の美事さに心を奪われ、「今宵《こよい》はじめて見そめたる心地す」と述懐する。その一首。

月をこそ眺めなれしか星の夜の　深き哀れを今宵知りぬる

「折からにや、異る心地する」という、その「折」「異る心地」が何を指すかは、もはや言わずもがな。だからこそ、初に気づかれた星空の美なのであった。そして、建礼門院右

京大夫の数多の〝七夕の歌〟は、この絶唱一首に導かれつつ彦星への愛を連綿と歌い上げるのである。その彦星は、すでに中国伝来の七夕伝説とは異なり、逢う瀬を待ち望む織女のいる対岸へと、天の川を渡って来ることになっていた。だが、資盛は、来ない。そして今、当の資盛があの平氏都落ちの際にいったん隊列を離れて必死に都へ馳せ戻り、最後の対面を願いながらも遂に果たせなかった相手が、かねてより男色《なんしょく》での寵愛をこうむった後白河法皇その人であったことを連想すれば、資盛との思い出を頼りとして長い余生を送った建礼門院右京大夫の歌一つ一つが、また新たな彩りをもって読む者の胸に迫ってくる。

ちなみに京の祇園祭、その御輿《みこし》迎えの日に興を添える鷺舞《さぎまい》は、一九五五（昭和三十）年に、島根県津和野市の弥栄《やさか》神社例祭に行なわれてきた鷺舞が移されたものであるが、元をただせば京から山口市の八坂神社に伝えられ、さらに一五四二（天文十一）年六月に津和野へ伝えられたのだという。本家の京の祇園祭（祇園御霊会《ごりょうえ》）では、江戸初期まで山鉾渡御のなかに「笠鷺鉾《かささぎぼこ》」というのもあり、太鼓橋の上で、細工物を施した花傘の下、二羽の白鷺が舞い、そのまわりで鳥帽子・袴の男が囃し立てて練り歩いたものらしいが、これが絶えてしまっていたのが里帰りしたというわけである。その間の事情を説く林屋辰三郎氏の『京都』には津和野に伝来の鷺舞の歌詞もあわせて紹介されており、それによれば「や

ーかわささぎ　さぎが橋を渡した　さぎが橋を渡した」と歌われるのである。「さぎ」は早くに白鷺の姿形をとっていたのだが、更にさかのぼる時代の「笠鷺鉾」では、どのようであったのだろうか。カササギと橋と——。

ああ、ひとしきり笹の葉の話題を追うつもりが、七夕の葉竹で弾んだ余りに星空へと舞い上がり、やっと祇園祭の鷺舞の話にまで降りてきた。ささっと本題に戻らねば。

＊

「ささ」というと、女房言葉で酒を指した。「さけ」の「さ」を重ねたのだといわれる。笹《ささ》は古くは小竹とも記され、小竹葉は酒を意味したが、「笹の露」といえば少量の酒の比喩、「笹の雪」は絹ごし豆腐の雅称。その笹竹を御神体として祀る神社が京都府綾部市高槻に鎮座するとも聞く。湯立ての神事の巫女の手に熊笹、お神楽での採り物も笹、諸社祭礼の舞人の長（人長《にんじょう》）の採り物にも榊とともに笹（篠）が不可欠という次第で、笹もまた神の降り宿るヨリシロ、すなわち神座《かみのくら》。要するに神迎え・神送りの神聖なる道具とみなされてきたわけである。地鎮祭の結界《けっかい》表示の葉竹、七夕祭の葉竹、盂蘭盆《うらぼん》の精霊棚《しょうりょうだな》を飾る笹、そしてエビス信仰での十日戎《とおかえびす》（正月）の笹等々、いずれもがその意義を底深い同根に発し、消厄除災・薬効についての民間信仰も同様である。

ところで笹が主役だともいえる珍しい民俗行事が、京都府福知山市の多保市《とおのおいち》に伝来。多保市の氏神、天神社の夏の例祭に伴う八月十六日の〝笹ばやし〟である。

このたびも植木行宣氏（芸能史）の労作に頼るが、これは地域南端の立石という所（磐《いわ》座《くら》とみられる巨石二つあり）から東方の山裾の天神社へと向かう渡御《とぎょ》の途中、五か所で行なわれる。まず、長さ二メートルばかりの青笹を手にした鉢巻姿の、笹持ちという少年たちと、ヨリ棒と呼ぶ六尺棒を持つ成人が集い、所定の神事が終わると笹に御幣が付され、提灯を先頭に渡御の列が鉦《かね》・太鼓・笛のお囃子《はやし》で出発。途中五か所での〝笹ばやし〟は、成人の持つヨリ棒で矢来《やらい》状に組まれた枠に向かって、水に浸した笹を持つ笹持ちたちが笹の大将と呼ばれる役の合図で喚声をあげて突進し、枠を打ち破るのである。推量されているところでは、枠は六人部川《むとべがわ》の堰《せき》、笹の隠喩は水にほかならず、そして〝笹ばやし〟は「堰を破るほど豊かな用水のさまを端的に演じるもの」であり、「古来旱魃《かんばつ》に苦しめられたこの地域の願いを集めた雨乞い」が源流とみられている。この行事には、かつては囃子歌も付随していたことが『丹波志』の記事で知られ、その

秋ハ古《いにしえ》　ヨリ善《よし》、世ノ中ハイク年ヨリモ、実《げ》ニモソウヨノ、弥《やよ》　実《げ》ニモソウヨノ、弥

　実ニモソウヨノ

という歌詞には、中世に遡りうるものがあるという（京都府教育委員会編・発行『京都の民俗芸能』による）。

この多保市の〝笹ばやし〟より起源は下るようだが、丹後の与謝郡岩滝町《よさぐんいわたきちょう》石田、宮津市須津《すづ》、中郡大宮町《なかぐんおおみやちょう》その他にも〝笹ばやし〟が伝わる。ここで前記『京都の民俗芸能』で石田の例をみると、同地の木積神社（石田・弓木の氏神）の五月一日の例祭に、鉢巻・白足袋裸足で、襷《たすき》を背中に垂らした少年たちによる群舞形式の勇壮な〝太刀振り〟が演ぜられ、そのあと本殿前での〝笹ばやし〟に移る。これは、〝太刀振り〟と同様のいでたちで鬼面を左のこめかみに当て、左手には枝三段を残した二メートルばかりの笹に切幣《きりへい》を付したものを持ち、右手には軍配を持ったシンポチ一人と、締太鼓《しめだいこ》を下げてバチを持った二人の太鼓叩き、都合三人の少年が役を務め、太鼓の音頭に合わせて「歌舞伎踊《かぶきおどり》」「弥勒踊《みろくおどり》」を踊るが、それは近世風《ふう》の風流踊《ふりゅうおどり》とみられている。

風流踊といえば江戸初期～享保年間にかけて、京では晴着に鉢巻・片襷《かただすき》、朱の日傘、手には団扇《うちわ》太鼓という派手ないでたちの七、八歳から十七、八歳の少女たちの間に、盆歌を伴う「小町踊《こまちおどり》」という風流踊が流行、笹の葉も短冊も夏風に揺れる七夕の日の町々を踊り巡ったので、「七夕踊」の異名をとった。いわゆる盆踊の一源流といわれるが、七歳までの〝神の子〟から〝人の子〟へ、そして更には〝成人〟へ……という、人生上の大事な転機の意味が潜んでいたとも推察されているのである。

十　言の葉

「葉」とはいうものの、ちょっとしたコトバ＝助詞の話題である。

＊

さきごろ、勤め先からの帰途、駅前の書店で目当ての新書本一冊を買った。店を出て左にある階段は、この私は上がらぬ方がよい。同じビルの二階は、古今東西・新旧のレンタル映画ヴィデオ店なので、上がったら最後、運の尽き。殊勝にも、右にある踏切を渡ってから自転車預かり場まで、買ったばかりの本の栞を歩き読みした。書棚から引き出したとき床に落ちた栞の文言が、頭に引っ掛かっていたのである。書名は『辞書を語る』（岩波新書）で、栞の文言は、それに見合う『広辞苑』の宣伝にもなっている。曰く、「京へ筑紫に坂東さ」。

「笹の葉さらさら」で触れた京都弁（近世には「京談《きょうだん》」とも）のことにかかわるのだが、「筑紫」の言葉のことは不勉強なままで知らずとも、この「京へ」というのは、見かけるたびに気になってしようがないのである。早く救われたい。

＊

さて、その栞は、右の言葉に続けて『広辞苑』の「京」項による説明を付すが、今、同辞書（第四版）の説明全文を引くと、

（室町時代の諺）方向を示す助詞として、京都では「へ」、九州では「に」、関東では「さ」を用いるというように、地方によって言い方が異なるということ。

とある。ほぼ同様の説明をしている栞では、これに

「京に筑紫へ……」とも言われたらしい。

という文言を添えている。これは、別の説を付加している点で大切だ。「京へ」説を主としながらも、それとは別に「京に」説もありますよ、と知らせるからである。

ついでに『日本国語大辞典』（小学館版）の「京」の項を開くと、同じ諺を掲げて同様の

説明がなされているが、ここでも、『広辞苑』(並びにその他の諸辞典)と同じく、「京に」説も存在することへの言及はない。そして、諺の出典としてロドリゲス『日本大文典』の「キョウエ、ツクシニ、バンドウサ」のみを添えている(傍点＝筆者)。この『日本大文典』は、十七世紀初頭、一六〇四〜〇八(慶長九〜十三)年、日本イエズス会長崎学林の刊行。

しかし、この種の諺の初見資料とされるのは十五世紀末、公家の三条西実隆《さんじょうにしさねたか》の日記『実隆公記』の一四九六(明応五)年正月九日条だったはずで(この点については後述)、先の栞に「『京に筑紫へ……』とも言われたらしい」としていた、その根拠も、実はこの記事なのではないのか。とすれば、わざわざ「室町時代の諺」というのなら、先ずは『実隆』の所出例を主とし、次いで『大文典』にも言及するのが妥当ではあるまいか。にもかかわらず、「京へ」の諺はほぼ全面的にといってよいほどまでに流布しつくしてしまい、そのために『実隆』の伝えてくれた「京に」のほうは、すっかり霞んでしまった。残念無念。

かんじんの京言葉では、「方向を示す助詞」として常用され続けてきたのは、圧倒的に「に」である。むろん「へ」も多用されはするが、京都弁で話し合える気楽な間柄での日常会話だと、自然に口にし、耳にしてきているのは「に」であって、それとなく相手の口調に耳を澄ましていれば、容易に確認できることである。予め注意させてしまうと、緊張が加わるためか「へ」になりやすく、また多少改まった場面・相手だと「へ」に転じやすいようである。本来の「に」を「へ」に変換させる力は学校での標準語教育によるところが多大だが、加えて、耳を通すマスメディアのそれが大きい。助詞の話ではないが藤沢周平氏の『隠し剣秋風抄』（文春文庫）を読み終えて後記を見たら、一九八〇（昭和五十五）年に生地の村の会合で地元の言葉で挨拶をしたところ、それは「村ではもう使うひとがいないし、懐しい言葉を聞いた」といわれてショックだった云々とあり、テレビの普及で村の言葉が加速度的に変えられつつあると指摘している（昭和五十六年一月付）。

話を戻すと、要するに「京へ筑紫に坂東さ」という諺が広まって人口に膾炙《かいしゃ》しきったために『実隆』は裏に隠れてしまい、「京へ」説の『大文典』のみがあたかも正統の典拠ででもあるかのようになってしまった——のではあるまいか。三条西実隆が「京に……」の話を直に聴かされたのは、「美麗の紙なり。秘蔵極まり無きものなり」とまで彼を喜ばせた「引合紙《ひきあわせがみ》」（檀紙《だんし》）を進呈した七十六歳の連歌師、飯尾宗祇《いいおそうぎ》の口から、で、同邸での「雑《ぞう》談《たん》」の一こまであった。言葉に敏感なはずの練達の老連歌師が「京」の人、実隆の耳に伝えたのであり、実隆もそれを素直に聴きとって、左のように記し留めてくれたのである（続群書類従刊行会刊『実隆公記』巻三上、一五三頁、よみがな・傍点＝筆者）。

宗祇談京ニ、筑紫ヘ、坂東サ、

京ニハイツクニ、ユクナト云、筑紫ニハ、イツクヘ、ユクト云《いう》、坂東ニハイツクサ、ユクト云、又坂東ニハヨト云所《ところ》ニ、ロト云詞《ことば》ヲツカフ、セロセヨ也、コロコヨ也、如此境談《かくのごとくきょうだん》アリ、何《なに》ノ子《ね》ロト嶺《ね》ヲ云モ所《ところ》ノ境談歟、又等《ら》ノ字ノ心歟云々

〔宗祇の談話。京に筑紫へ坂東さ。京では「何処に行く」などと云う。筑紫では「何処へ行く」と云う。坂東では「何処さ行く」と云う。また、坂東では「よ」と云うところに「ろ」と云う言葉を充てる。「せろ」（せよ、である）、「ころ」（来よ、である）。このように方言がある。「何のネロ」と嶺《ね》のことを云うのも、その土地の方言か。また（ロと云うのは）「等《ら》」と云う字と同義か。〕

＊

一葉の栞の文言に触発されて、再び三たび〝辞書〟の世界を右往左往した後、ようやく読みだした『辞書を語る』には、笠松宏至氏（日本中世史）の一文、「辞書への想い」があ

り、中に、『日葡辞書』（『大文典』と同じく十七世紀初頭、日本イエズス会長崎学林刊）の利用の態度に関して、私などにも痛切に響く左の言があった。

……現今では、この書（『日葡辞書』＝注・筆者）も辞書の一つとして当然にもつ史的限界が軽視され、あたかも「『広辞苑』では」と同じように、「『日葡』では」といった安易な風潮さえ感じるように思われる。（同書五四頁）

『大文典』利用の場合にも通ずる諭しとして、肝に銘じたいと思うが、さてさて、先行する『実隆』の伝えるところを差し置き、現代にも生きる京都弁の伝流も脇に放置したままで『大文典』の説明を優先させ続ける国語・方言学の〝力《パワー》〟、それはいったい何に発するのか。

数年ぶりに、市内で手広く酒類販売会社を営む小学生時代の友人T君（下京区）に電話してみた。即座に明快な答えが返ってきた。言われてみればそのとおりで、幼少時より一貫して「に」だと断言し、「何処何処へ……」という場合ももちろんあるが、それは改まった感じで物言いをしている時だと思う、との由。いずれにもせよ、国語・方言学の門外漢の、このへのような異議申立てに、どなたか明答を下さるまいか。

＊

というような事どもを賢《さかし》らに活字にしてしまったあと（三省堂宣伝部発行『ぶっくれっと』九八号所載「言の葉、卯の花」の前段）、ありがたいことに友人の米井力也氏（国文学）からのご注意で、なんと『岩波古語辞典』には補足説明の形ではあるが『実隆公記』の前述の記事について「「京に筑紫へ坂東さ」の形もある」と指摘されていることを知った。

また、これもまったく思い掛けぬことに『時代別国語大辞典　室町時代編』（三省堂刊）の編集委員の一人でいられる大塚光信氏（国語学）からは、同辞典には「京へ筑紫に坂東さ」項があること、並びにそこでの解説文と典拠となる資料文献をすべて教えていただき、文字どおり眼から鱗が落ち、冷汗三斗の思いであった。紙上をかりて御礼申し上げる。

まず、同辞典の「京へ筑紫に坂東さ」項での解説を左に。（改行・傍点＝横井）

京へ筑紫に坂東さ――「筑紫に京へ坂東さ」とも。方向を示すのに、京都では助詞「へ」を、九州では「に」、関東では「さ」を使うように、土地土地によって、方言的相違の存することを言い表わしたもの。「助辞「へ」…運動を意味する動詞といっしょになって、これこれの方向へという意味を表す。そうして次の諺でいっているよ

うに、「ミヤコ」で使われるものである。「キャウヘツクシニバンドウサ」（大文典二）

「楚辞ハ千些万兮ト云テ些ノヲキ字ト兮ノヲキ字多ゾ。楚些ト云時ハ、楚国ノ風俗ノ言語ニ些ノ字ヲ付テ云ト見ヘタゾ。是ハ京ヘ筑紫ニ坂東サノツレゾ」（蠡測集）

「楚辞ニハ屈原ガ些字ヲ語終ニ置ゾ。其ハ楚国ノ郷談ニ語終ニ些ト云コトヲ云程ニゾ。日本デモ筑紫ニ京へ坂東サト云類ゾ」（四河入海　十九ノ一）

【参考】実隆公記（明応五、正、九）に宗祇の談として「京ニツクシヘ坂東サ」とある。これをいかに解すべきか問題であるが、この形はすでに遍口鈔（元亨四年本）などにも見えており、日記に書きとめた際の誤りとも言い切れない。

次に、右の解説文中に引かれた以外の典拠の一として教わった『蕉窓夜話』では、「筑紫ニ京エ坂東サ」とみえる。

以上の諸典拠を年代順にし、「京へ」と「京ニ」の所出例を併記すれば、左のとおりとなる。

①　遍口鈔　一三二四（元亨四）年本　「京ニ」

②　蕉窓夜話　一四八九（延徳元）年前後に成立　「京エ（ヘ）」

③　実隆公記　一四九六（明応五）年正月九日条　「京ニ」
④　四河入海　一五三四（天文三）年に成立　「京へ」
⑤　蠡測集　一五五〇（天文十九）年以降に成立　「京へ」
⑥　ロドリゲス日本大文典　一六〇四〜〇八（慶長九〜十三）年に成立　「京へ」

①は元亨四年（正中元年）の本だというから、「京ニ」の表現は鎌倉最末期には知られていたとみられ、これが現在確かめられる初出例なのであろう。③『実隆公記』の記事が初出ではないのか、などと私が書いていたのは誤りであり、さらにはロドリゲス『日本大文典』以前の「京へ」の所出例を尋ねてもいなかった手抜かりは、まことに恥ずかしいことであった。ここに不明を詫び、訂正する。

また、前掲の解説文中では「京ニ」の表現が「遍口鈔（元亨四年本）などに見えており」云々とあって眼を惹くのだが、「京ニ」ではなくて「京エ」とするのが一四八九（延徳元）年前後の②の『蕉窓夜話』であるのをみると、それまでの、鎌倉〜南北朝〜室町中期の辺りでは「京ニ」の方が主流を占めていたのが、やがて互角となり、そして室町末期〜江戸初頭の辺りで「京ニ」に取って替わって「京へ」の方が主流を占めるようになった——という図式が、いちおうは浮かんでくる。

だが、その図式の中で、一四九六（明応五）年の③の『実隆公記』が「京ニ」とするのは、やはり気になる。趨勢としては「京ニ」から「京へ」の方へと向かうらしい、その流れの中での所出例であり、前掲の解説文が、①（など）との関連から「これをいかに解すべきか問題である」とし、実隆が「日記に書きとめた際の誤りとも言い切れない」と注意を促しているのは重要である。

「いかに解すべきか」という点では、筆者は、以上の諸例を教わったあとでもなお、連歌師の飯尾宗祇は聞き知っていたとおりを語ったのであり、実隆もまた、それを誤ることなく聴き取り、記し遺したものと考える。第一、双方の「雑談」の中でのこととはいえ、実隆自身がそのような、「に」「へ」「さ」などという「境談」（方言）の実際例を聞かされて強く関心を惹かれたからこそ記し留めたのであって、しかも「京」の人である彼が、他の「筑紫へ」「坂東サ」との対比において「京ニ」を聞き誤り書き誤ることなど、想像だにし難い。明応年間にも京都では、まちがいなく「京ニ」の語は用いられていたものと考えたいが、学界の現段階では、慎重に、今後の課題として残される。

＊

室町末期〜江戸初頭の辺りで「京ニ」に取って替わって「京へ」の方が主流を占めるようになったのか——という、おぼろげながらの図式が浮かんでくるとはいえ、結局は江戸時代を通じての、「京」での日常会話の実態がどうだったかを知らぬことには、筆者の疑念は氷解しない。疑念などというといかにも大袈裟だし、「京ニ」でなくてはならぬはずだ、などと強弁する気も既に萎《な》えてきているのだが、いやはや幼少時からなじんできている、この「何処何処に」という奴には、どうしてもこだわってしまう。体の隅々にまで染みついたものというのは、こわい。

さてさて、江戸時代の「京」での日常会話・語法の実態——というものは、どのようにすれば探知し得るのだろうか。

十一　蓮

一九九二年三月末、ダブリンへの旅から帰宅したら、待ってましたとばかりに留守中の新聞の小さな切抜きを見せられた。それには、左のようにあった（『朝日新聞』九二・三・三〇夕刊、素粒子）。

れんぎょう・もくれんの花咲くロンドン、パリから戻れば列島に早春の雪山と桜前線煙る。

帰途、ロンドンに寄ったが、雨後の市中散策のさいに、とある公園で眼に映えた白木蓮《はくもくれん》の花は、まことに爽やかであった。ふだんは、あの花に、あんなふうにじっと見入ることもなく、肌寒い空気の中でしばらく佇んで見とれていたのが不思議なくらいだが、その記憶は、園内のあちこちに赤や青のテント張りで雨露をしのいで暮らす人たちの様子が重なるだけに、なおさら鮮明だ。

北アイルランドでも、アイルランドでも、いたるところで水仙――多くは黄水仙の大群に出会っていた。かてて加えて、なんとまあ、満開の桜花の目立ったこと！　とりわけ、初めて訪れたダブリンのチェスター・ビーティ図書館の敷地内の可憐な桜樹のたたずまいは、それに寄り添う枝垂柳《しだれ》の姿と併せて、終生忘れ難いものとなろう。出不精な癖に、いつか一度は同館を訪れたいと想い続けていたからだが、同様の光景は、ダブリン市内ではむろんのこと北アイルランド各地でも目に映え、遠い国へ来ていることを一瞬忘れさせた。いずれにもせよ北緯五三度以北の土地での「柳は緑、花は紅《くれない》」（三「柳の枝」）なので、ずいぶんと驚かされたが、桜の開花は京都・大阪辺りよりも優に十日前後は早く、それに、あれほどの強風にも、たやすくは散華しない。

それに驚く一方、何処でも彼処《かしこ》でも友人のS夫妻の車中から蜿蜒《えんえん》と眺め続けた、緑の絨緞を敷き詰めたような牧草地を仕切る生垣の植物の名はゴースといい、もう少し暖かくなれば黄色い小さな花がいっぱいに咲くと聞いたが、帰国後、さきの新聞記事にいうレンギョウ（連翹）の類かと思っていたところ、永年ダブリンに在住のU女史から、アイルランドの長期の郵便ストのために訪日の人に託されて五月下旬に落掌した便りには、高山植物のゴースの黄色い花が色鮮やかに満開、日本でいうハリエニシダか云々《うんぬん》とあり、旅中の瑣末な疑問が一つ解けたようで嬉しかった。

あの公園の白木蓮の花の写真は、引き伸ばして老母に贈った。遠方の英国という国にも木蓮はあるのかと、いたく感じ入ってくれたのである。アイルランドで爛漫の桜花を飽き満ちるほど観て感嘆したのと、差はない。

＊

ところで、モクレンはなぜ木蓮か。

モクレンは中国原産で、モクレン科の落葉低木（約四メートル）。春、葉に先だって、暗紅紫色六弁の大形の花を開く。木蘭《もくらん》ともいい、漢名は辛夷《しんい》だそうだが、辛夷といえばコブシが連想されよう。コブシは、モクレン科の落葉高木（約十メートル）で、春の初めに葉に先だって芳香のある白色六弁の大花を開く。

また、木蘭とは科名（モクレン科）の漢名で、和名の「モクレン」は「木蘭」の字音により、別名の「モクレンゲ」の漢字表記は木蓮華もしくは木蓮花である（小学館『日本国語大辞典』、『広辞苑』ほか）。

「木蓮」の名が「蓮華」の二文字に重なり連なるのも今の私には面白いが、ふつうモクレンというと、小さな葉のすぐ上に暗紅紫色の花をつけるシモクレン（紫木蓮）を指すのに対して、花が白くて、花の下に葉を伴わないのをハクモクレン（白木蓮）というのだそうだ。花は、いずれも六弁の鐘形。紫木蓮は紫木蓮華ともいうが、片や白木蓮のほうは白木蓮華などとはいわずに、たんにハクレンゲ（白蓮華）、縮めてハクレン・ビャクレン（白蓮）となるらしい。よろず、よく見れば分かることだが。

ついでに、中国明末〜清代の白蓮教《びゃくれんきょう》の乱とか、明治・大正・昭和三代を生きた著名な女性歌人柳原白蓮《やなぎはらびゃくれん》とかを連想してビャクレン＝白蓮の語義を尋ねると、これがビャクレンゲ（白蓮華）の略で〝極楽浄土に咲く白い蓮の華〟の意であって、その隠喩は、〝清浄無垢な心〟だという。白い木蓮の花の姿形と水面に浮かぶ蓮の華のそれとは、人々の想念の中で互いに結ばれてきたのである。

ちなみに、誰しも幼少時からなじみの深いレンゲ・ゲンゲとも呼んでいるレンゲソウ（蓮華草）は台湾・中国原産の植物で、なんとまあ、一八七七（明治十）年に漸く中国より日本へ将来され、水田の緑肥として栽培されたのが始まりだという（村田源監修・永井かな解説・内藤登喜夫写真『京都の野草図鑑』）。あれなど勝手気ままに苅田に繁殖していたものと信じ込んでいたが、それのもとをただせば違っていたのである。

＊

さて、夏の盛りの「八月の五六日頃」の早暁に「伏見の橋のそばの宿屋」から三人の男客を乗せた小舟が漕ぎ出た——というと、まるで幕末動乱期、勤皇の志士たちの隠密行動のようだが、さにあらず。一九五〇年（後出の「巨椋地の蓮」の末尾にある発表年）から逆算して「それはもう二十何年か前のこと」だというので、たぶん昭和初期の話。

淀川を下った舟は、やがて真っ暗な「家と家との間の狭い運河」を進むこと数十分。やがて左右に視界が開け、大池に入った。今では、とっくの昔の大干拓事業でその姿を消してしまった巨椋池《おぐらいけ》である。古記録には、「巨椋池」ではなく「巨椋湖」と記した例もあるくらいで、京都盆地の全水系が流れ込む大きな池だったが、ともかくその池へ、この三人は「蓮」見物に出かけたのだった。

舟が蓮の花や葉の間を進むうちに、蓮の花の蕾《つぼみ》が開く時には「ポン」という音を立てるということが話題となり、舟を停めて耳を澄ましたが、近くで聞こえる音といえば、それとは似ても似つかぬ「クイといふ風な鋭い音」。音のする方角に気をとられている間に、目前の蕾に視線を戻せば、「驚いたことには、もう二ひら三ひら花弁が開いて」おり、「やがてはらはらと、解けるやうに花が開いてしま」った。音がすれば聞こえたはずだが、聞こえなかったところをみると開花の際に音を立てるというのは間違いだろう——というのが三人の結論であった。

三人とは谷川徹三（哲学）・和辻哲郎（倫理学）・落合太郎（仏文学）で、いずれも少壮気鋭の学究。当時まだ三十歳そこそこの谷川が、年長の二人を誘ったのである。ずっと後年、還暦の歳頃の一文「巨椋池の蓮」で和辻は往時を回想している（『埋もれた日本』所収）。

ちなみに、これは三浦隆夫氏『都の花がたみ』で初めて教わったことだが、正岡子規の句に

　蓮開く音聞く人か朝まだき

があり、また盛岡中学生時代の石川啄木は「夏の朝」という作品で

静けき朝に　音立てて
白き蓮《はちす》の　花咲きぬ
胸に悟りを　開くごと
ゆかしき香　袖にみち

花となりてや　匂ふらん

と歌っていた。

これもやはり同書によることだが、昭和の初期には蓮が開花する時に音（ポン！）を発するや否やで論争が起こり、蓮の世界的権威であった大賀一郎博士が一九三六年七月十四日、東京上野の不忍池《しのばずのいけ》で高感度マイク使用による「蓮の音を聴かざる会」を開き、音を発しないことを確認したという。筆者が母の胎内よりポン！　と飛び出した翌年のことだが、それはともあれ、従来博士が実際に聴いたことがあるという人たちから得た証言では、その音は、ポン・パン・バスッ・ズバッ・ヅボッ・キュッ・ドブッ・パッ・ポッ等々であり、博士の実験結果によれば、コイやフナが水面に顔を出して開口した時の音であろうという（これは私にも大変よくわかる！）。月に餅つき兎がいないことは既に明白で、あのきんさん・ぎんさんも声高らかにお笑いであろうが、蓮華が音立てて開くものとひそかに期待する心性の伝流は、こんにちもなお根強いようである。しかし、和辻たち三人がわざわざ巨椋池に舟を出してまで耳を澄ませたというのは、伝統的な認識に加えて、あるいは当時盛行の「論争」が彼らの関心を強く惹いていたからかもしれない。

三人が耳にして訝《いぶか》しんでいた謎の音は、結局、船頭の断言で一瞬にして氷解した。和辻

の言をそのまま引くと（傍点＝筆者）、

船頭は事もなげに、あゝあれだつか、あれは鷭どす、鷭が眼をさましよる、と云つた。のである。大阪弁と京都弁の混合みたいだが、洛南の伏見の辺りだと、そういう言葉つきだったのだろうか。

ところで、この「鷭」、すなわちバンは、池沼・水田などの茂みに住むツル目クイナ科の鳥で、クイナ（水鶏・秧鶏）に似るが、それよりは大きく、笑い声に似た鳴き声を立てるので「鷭の笑い」とまでいうそうで、聴いたことはないが、物の本によるとその声は「クルルッ、クルルッ」と表現されもする。古来、詩歌で「クイナ……」といえば「……叩く」と来、「クイナ笑う」では笑われる。その鳴き声が戸を叩く音に似ているからだといわれるが、残念ながらこれも、それと分かって耳にした覚えがない。

何はともあれ舟中の三人が聴いたのは、「クイといふ風な鋭い音」（既述）であったというわけである。

＊

谷川の誘いで和辻が真夏の早朝に実見しえた蓮の群落の世界は、後述のように、想像を遙かに超えるものであった。

ついでながら『埋もれた日本』にはもう一つ「京の四季」という佳品が収められていて、「巨椋池の蓮」の二か月後、一九五〇年九月に成ったそれは、「京都に足かけ十年住んだのち、また東京へ引越し」たあと、東京生活の中での自然の観照から「京都の樹木の美しさを追想」したものである。観察の主対象は「東山」の風光であり、おのずとそうなったのは東山山麓、若王子《にゃくおうじ》の付近に住まいを置いていたからであるが、独特の湿気と土壌とに注目しながら四季の移ろい行く様をこまやかに捉えて行く眼は、たやすく真似などできるものではなく、往昔の京都の自然が回顧されるときには、参看に値する名文の一つと思う。

それにうかがえる繊細な観察力は「巨椋池の蓮」にも示されていて、船頭の進めるままに夜明け前の水面に浮かぶ蓮の群落を次々に歴巡することとなった彼は、まずは花弁の尖端部だけが薄紅色であとは白色の群へ、続いては、尖端部が白くて下方が薄紅色の蓮の群へ、さらには、下方底部のみが白くて六、七分どおり紅色の群落へと進行し、数分がかりでそこを抜け出ると、今度は花弁の全面が深紅の、「艶めかしい感じ」「一種異様な気分」をもたらす「紅蓮の群落」に突入していて、これには一同が「あっ」と驚いたのだが、和辻自身は

もしこれが蓮の花の代表者であつたとすれば、恐らく浄土は蓮の花によつて飾られはしなかつたであらう

とまで述懐している。紅蓮といえば、「紅蓮《ぐれん》の炎《ほのお》」の比喩も連想されようが、彼らが目撃する群落はそれには終わらなかった。

その群落を出てしばらく進むと、次に現れたのは「文字通り純白の蓮の花で、紅の色は全然かゝつてゐない」白蓮《しろはす》の群落であった。その時の身震いするような興奮をまざまざと伝えつつ和辻は、こうまで記していた。長い引用で恐縮だけれども――。（傍点＝筆者）

さういふ白蓮に取り巻かれて見ると、これまで白蓮といふ言葉から受けてゐた感じとはまるで違つた感じが迫つて来た。それは清浄な感じを与へるのではなく、むしろ気味の悪い、物凄い、不浄に近い感じを与へたのである。死の世界と云つていゝやうな、寒気を催ほす気分がそこにあつた。（中略）われ〳〵が白い蓮の花を思ひ浮べるとき、そこに出てくるのは（中略）真に純白の花弁なのではあるまい。（中略）深紅の紅蓮が艶めかし過ぎて閉口であるやうに、純粋の白蓮もまた冷た過ぎ堅過ぎて面白くない。やはり白色に淡紅色のかゝつてゐるやうな普通の蓮の花が最も花らしいのである。

彼は薄明の中、まるで他界の水面をさ迷うかのごとき想いで浄土の相を見、死者の世界

の匂いをも嗅ぎとっていたのであった。

そして彼らは帰途につく。早暁には辺りが「真つくら」（真っ暗）であった狭い運河は、朝日の下では「町裏の穢ないところ」を通り、再び淀川に出た。和辻は「その間に眼に入るものは、すべて、先程までの美しい蓮華の世界の印象を打ち壊はすやうなものばかり」と慨嘆したが、想えばその狭く穢ない運河こそは、彼岸と此岸とを結ぶ闇の通い路、橋掛りではなかったか。

午前七時近くに宿に帰着した三人に振舞われた朝飯は、「蓮の若葉を刻み込んだ蓮飯」だった。それの味覚については、語る所はない。

*

干拓工事で水位を下げるとともに水田が増えているとはいえ、巨椋池はかなり広いのだから観蓮がまるきりできないこともあるまい、などと和辻は記していたのだが、三人が観蓮を楽しんだその頃、既に干拓は急ピッチで進められており、やがて、かつての広大な池沼地は完全に姿を消し、戦後には伏見区向島《むこうじま》ニュータウンをはじめとする新興住宅地が展開した。ごく早い時期にそこの住宅に入ったばかりの知人が、久し振りに顔を合わせたとたんに「やけに蚊が多い土地みたい……」とこぼしていたのには苦笑してしまった。和辻もあとで谷川から聞かされた話として、巨椋池にはマラリヤの蚊が多いこと、その周辺にはマラリヤ治療に長けた《た》「おこり医者」（瘧医者）がいたことなども記していたからである。谷川は事情をよく知っていたのに、前以て不安を与えまいと黙っていたのだった。まさかそんなこととは露知らず和辻と落合は蓮見を楽しんだのだが、和辻がその時のことに触れると谷川は、「うっかりそんな話をすれば、引張り出しが成功しなかったかも知れませんからね」と返答した。洛東の真如堂の北に住んでいた落合は、「その前から東山のマラリヤの蚊にやられてゐた」という。後年に落合の薫陶を受けた生島遼一氏の一文（「落合太郎先生のこと」）によると、「こわい先生」で「よく怒鳴」り、「皮肉屋」だったという落合がその話を聞かされたら、どう反応したことか。

ちなみに、急遽彼らが蓮見に出かけたのは、お盆のために巨椋池の蓮の花が採取されて京都・大阪方面へどんどんと出荷される数日前のことで、ちょうど見頃だからであった。お盆の供花《くげ》に蓮の生花……という慣わしも、既に遠い。

十二　法性花《ほっしょうか》

室町時代の初期、没後に「聖蓮禅師《しょうれんぜんじ》」という法名を付与された稚児がいた。この少年の話が通常の〝子どもの歴史〟に書かれることなどは、遂になかった。

＊

一四三一（永享三）年正月三日夜、戌《いぬ》の刻の終（午後九時前）頃、醍醐寺三宝院の小門内の辺りで小童（稚児）が突然何者かに襲われ、右頭、耳の上を斬られて倒れた。侍法師《さむらいほうし》三、四人に警護されて、同寺山内の妙法院から帰ってきたところを、暗闇で待伏せされたらしい。侍法師の一人、祐尊が抱きかかえて、先ずは部屋の傍に運び込んだが、三寸ばかりという傷口からの流血は、水を瀉《そそ》ぐかのよう。急報に仰天して駆けつけた醍醐寺の座主《ざす》

（最高職）満済《まんさい》は、目も当てられぬ光景に茫然自失。「魔障の致す所」としか思えず、ただ「万行の愁涙を押え」るのみであった。

ふと、小童は、満済が傍にいるのに気づいて歓びを表し、ひとこと呟く。

「死セムカナウ」（死せんかのう）

と。「このまま死んでしまうのでしょうか」と問うたのだ。「まさか……」という気分と「いや、やはりこのまま息絶えるのでは……」という恐れとが、小童の胸中に交錯する。歳五十四の満済は涙を抑え、「その儀あるべからず」（そんなことは滅多にない）と励ます。夜中であり、近辺に疵《きず》医師もおらず、山内の観音堂の住僧が呼びつけられて応急処置をしたのが精一杯であったが、小童はいささかも苦痛を示さず、「言語たしかに」質問に答え、犯人は幸順《こうじゅん》寺主《じしゅ》という僧に仕える中間男《ちゅうげんおとこ》だと告げた。ただちに方々へ追手が懸けられたが、中間男の行方はつかめなかった。「その器用（役立つ才幹）、すこぶる人にすぐれ」、「八歳より昼夜（満済の）身辺を離れず、影の如く形に随」った子だったのに……と、日頃は重厚で安定した言動によって他者の信望を集めていた満済とて、血涙をしぼり、ひたすらに身の不運をかこつのみ。

瀕死の小童は、四日の暁に妙法院に移され、五日の朝、辰の半刻（午前八時頃）に永眠した。名は禰々丸《ねねまる》といい、享年わずか十一歳。公家の葉室大納言長忠《はむろだいなごんながただ》の子息で、時の妙法院僧正の弟子であり、実弟でもあったが、醍醐寺全山の座主、満済准后の寵愛をこうむる稚児なのであった。満済は、愛する稚児の無慚な横死に「久遠劫《くおんごう》を経ても（未来永久に）、この哀慟《あいどう》は休まらぬ。万行の涙に溺れ、千回も腸《はらわた》を断つばかり」だと、歎き悶える。妙法院からの申入れを受けて満済が書き遣わした禰々丸の法名が、「聖蓮禅師」であった。

その小さな骸は、六日の午後、菩提寺において荼毘《だび》に付され、灰となった。年始のこととて、誦経の鐘は控えたという（『満済准后日記』）。

ちなみに、侍法師（僧体で武装の寺院警備役）三、四人もに警護されていながら禰々丸が遭難したことについて満済は、悔やんでも余りあり、「侍法師三、四人相随《あいしたが》うといえども、毎事《まいじ》正体《しょうたい》無きにより、此の如き事、出来《いでき》おわんぬ」と記す。事毎に彼らの勤務ぶりが（酒酔《さかえい》のことも含めてか）よいかげんだから、こんなひどい事が生じてしまった……というのである。

＊

ところで鎌倉時代末の作品とみられる著名な絵巻物に、奈良興福寺別院の菩提院《ぼだいいん》の十一

稚児という花（『稚児観音縁起』部分。兵庫県・香雪美術館蔵）

面観音像の由来を説く『稚児観音縁起《えんぎ》』がある。

　しかるべき後継者を求める大和の一老僧が一念発起、長谷《はせ》観音に三年三月《みつき》祈願して帰る際、尾臥山《おぶせやま》の麓の野で、残月の下、漢竹《かんちく》の横笛を吹く十三、四の「月の顔《かんば》せ、花の粧《よそおい》、まことに厳《いつく》」しき美少年に出会った。訊《き》くと東大寺の辺にいた者だが、故あって師匠を恨み、足にまかせてここまで来た、私を連れていって御寺の中《ちゅう》童子《どうじ》の役目にでも使っていただけまいか、という。得たりや応とばかりに老僧は少年を連れ帰り、三年のあいだ明かし暮らした。少年は老僧の期待にたがわず、詩歌管弦にも並びなき冴えを示したのである。

　三年たった春の暮れ、少年はにわかに病床に臥す身となって日々に衰えた。万死一生（臨終）に至るや老僧の膝を枕にし、手に手を取り組み、顔に顔を合わせて、互いに別離を惜しんだが、その際の遺言に、この間の御恩を謝し、老いた師匠を残して先立つ悲哀を述べ、「師匠は三世の契り」というからには後世に又会い奉らむ、絶命の後は我が身を埋めず焼かず、棺に納めて持仏堂に安置し、五七日（三十五日）を経て開棺されよ、と告げた。

さて、約束どおりに五七日の法事を終えて棺の蓋を払うと、栴檀《せんだん》・沈水《じんすい》の異香が室内にあまねく薫り、金色の十一面観音が立ち現れた。青蓮《しょうれん》（青蓮華《しょうれんげ》）の御目あざやかにして、丹菓《たんか》の唇（赤く美しい唇）厳《いつく》しく、笑《え》みを含んで告げるには、我こそは人にはあらず、普《ふ》陀落《だらく》（観音の浄土）の主、初瀬山《はっせやま》の尾上の麓に住む大聖《だいしょう》観自在尊《かんじざいそん》であるが、汝の多年の祈願参詣にこたえて童男の姿形をとり、「契りを二世に結ばし」めた、ついては、七年後の秋八月十五日には必ずや汝を迎えに来、再会を極楽の九品《くほん》の蓮台《れんだい》に期《ご》する……と。そして、蓮華の座に座り、左手に紅の蓮の花を捧げ持ち、光を放ちつつ電光の如く虚空に上がり、そのまま紫雲の中に身を隠して行った（小松茂美編集・解説『続日本の絵巻』20）。

*

当時の寺院奉公の稚児としての適齢は、八歳頃から十七、八歳までであった。垂髪を束ねて眉墨・口紅・白粉で化粧した姿は女性と同様で、男子なのに女子の姿を仮に装う、女装していながら実は男子――という曖昧で不安定な在り方に、男女の性差を超えた、特定の重い意味が託されていた。神社の祭礼にみられる稚児の装いと役割に、降臨する神々との近しさが込められるのと同様の観念である。

彼らへの行儀作法のしつけや教育は実に厳格で、山門（延暦寺）のしきたり・秘伝では髪・衣装を常に整え、鏡・楊枝《ようじ》は身から離さず、戸・障子の開け閉《た》て、歩行の仕方、立居振舞など万般にわたって掟が順守されねばならず、経文学習・手習い・読書はむろんのこと、和歌・連歌・蹴鞠《しゅうきく》（けまり）・花なども仕込まれた（稲垣足穂『少年愛の美学』第三章）。禅宗寺院では「渇食《かつしき》」というが、中身は稚児と同じであった。

*

さて、そのような稚児が年長の同性に寵愛されるというのは、心身ともに愛されることであった。もっとも、五十代半ばの満済と十歳前後の禰々丸との間柄――その真相などは、しょせんは空想の域を出るものではないが、禰々丸が「八歳より昼夜身辺を離れず、影の如く形に随」ったという満済自身の言葉と、禰々丸の突然の事態にあれほどまでに取り乱した満済の心情表現[注]とをつないでみれば、満済の、禰々丸への寵愛の深さは容易に偲ばれよう。寺院組織で育まれた男性同士の性愛、男色《なんしょく》は、とくに平安末期の院政期から室町時代にかけて皇室・公家社会へ、さらに武家社会へと広がり、薫物《たきもの》（練香《ねりこう》）の香を漂わせつつ秘めやかに歓喜の闇に没入する人は、年齢、身分の高下を問わず、長い歴史のなかに蜿《えん》蜒《えん》絶ゆることはなかった。

その人々には、美麗の稚児に懸想して悶々とする下僧《げそう》や中間男たちもいた。中間男とは、主と僕《しもべ》との間にあって僕たちを統率し、主の外出時にはその警護にも当る役であったが、鎌倉時代末、一三二一（元亨元）年の奥書のある『稚児草紙《ちごそうし》』（醍醐寺蔵）に登場する稚児の内、ある貴人に奉仕している稚児は、自分を慕う中間男の愛を、密かに受け入れる（『日本古典文学大辞典』「稚児草紙」項）。あの夜、暗闇から飛び出して禰々丸に斬りつけた寺奉公の中間男の乱行も、たぶん〝高嶺の花〟だった禰々丸への恋慕の果て。彼もまた、おのれの「無明火《むみょうか》」の煩悩に身を焦がし、「八葉蓮華《はちようれんげ》」に譬《たと》えられた、稚児の無垢清浄な法《ほっ》性花《しょうげ》」の開顕《かいげん》（稲垣足穂、前掲書）を願求してやまなかったのである。

（注）この事件が生じたときの満済の心情面については、位藤邦生氏（中世文学）が「日記」の「文学」性という問題への関心から、「『満済准后日記』の文学性」「真名日記の面白さ・一面」の二論文

で言及されている。

＊

稲垣足穂の文にみえる法性花という花は、実在しない。しかし、それをそのように有難き思いで観じた僧俗の男たちにとっては、まぎれもなく実在する花だった。

その法性花が譬えられたという八葉蓮華（八葉の蓮《はちす》）は大日如来を教主とする密教の理念を図示した胎蔵界曼荼羅《たいぞうかいまんだら》の中央、大日如来（八葉の中尊）を中心に据えた中台八葉院《ちゅうだいはちよういん》をかたどる八弁の紅い蓮華で、上方（東）から右回りに、各弁に宝《ほう》幢如来《どうにょらい》・普賢菩薩《ふげんぼさつ》・開敷華王《かいふけおう》如来・文殊《もんじゅ》菩薩・無《む》量寿《りょうじゅ》如来・観世音《かんぜおん》（観自在）菩薩・天鼓雷音《てんくらいおん》如来・弥勒《みろく》菩薩の四仏四如来を置き、大日如来と合わせて八葉九尊、胎蔵九尊ともいうが、それは「人間の心臓（肉団心）が開き、そこに潜在した仏の一切《いっさい》功徳《くどく》が流出した様を示」し、「人間の心臓の形はそ

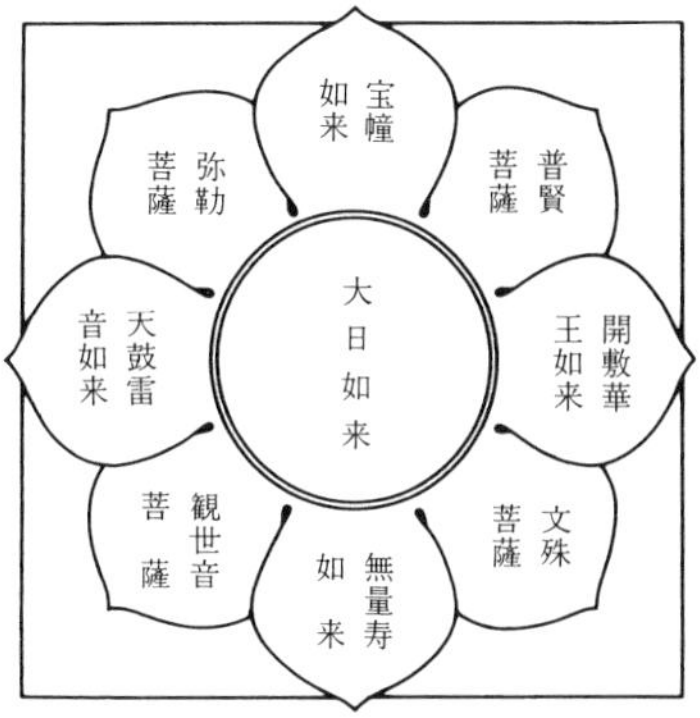

中台八葉院諸尊配置図（吉川弘文館『国史大辞典』8「胎蔵界曼荼羅」項より）

れ自体が未《み》開敷《かいふ》の蓮華にたとえられ心蓮華という」とも説かれるのである（『岩波仏教辞典』）。開敷とは、花の一斉に開くのをいう。

ちなみに、「八」となると連想されるのが寺院の稚児の眉形のことである。「児姿《ちごすがた》は、幽玄の本風《ほんぷう》なり。その態《わざ》は舞歌《ぶか》なり」（世阿弥『二曲三體絵図』）とまでいわれた稚児姿の、額口に眉を八文字に作るのにも、やはり「八葉蓮華」に通ずる観念は秘められていたのであろう。八という数詞の隠喩もまた奥深く、島原・吉原の大夫道中の八文字の歩行、それに八の字体が人々の胸に宿しつづけてきた〝末広がり〟の寿祝性までも含めると、能狂言の科白を借りれば、これは「なかなか埒《らち》の明《あ》く事でない」。

稚児姿
『二曲三體絵図』所掲・能勢朝次著『世阿弥十六部集評釈』上（岩波書店）より。

十三　彼岸花

三、四十日ぶりに若狭小浜の病院のベッドで意識がはっきりと甦った時、すでに「大東亜戦争」は終わっていた。
戦時下の最後の記憶は、寺山という小高い山の向こうへといったん姿を消した敵機が、突然急上昇しながら青空に高々と舞い上がったとみるやキラリと反転して急降下し始め、自分と祖母とがガラス戸越しにのぞいていた玄関口の方へと爆音立てて直進してくる情景だった。不意に左側から重いものがどんと身に当たり、よろけた途端に左側頭を強く打った。そこまでしか覚えていない。

あとで聞かされたところでは、必死に私をかばおうと抱え込んだ祖母が倒れ込み、傍らにあったでっかい木の餅つき臼に私が勢いよく頭をぶつけて失神してしまった、という次第である。機銃掃射のなかったことと、臼が石臼でなかったこととは、まことに以て幸いであった。祖父と叔父とが曳《ひ》く荷車で炎天下を病院へ運ばれる途中に自分が時々発していたのは、「あったァ、あったァ」だったとか。「暑い、暑い」であったらしい。

院内を歩けるようになって、他の病室の壁に、あの戦闘機の写真が新聞か雑誌かの切抜きで貼られているのを見た。壁際のベッドに横たわっていた青年が早口の若狭弁で、それがグラマンという凄く速い艦載機だと興奮気味に指差して教えてくれたのも、まるで昨日のことのようだが、それはさておき、学級担任のT先生が見舞いにきて下さったときに教室の机の中の忘れ物を思い出し、それを告げたところ、あれは決まりどおりにしておいたので案ずるな、とのことだった。大した数でもない、一包みの〝キツネバナ〟の球根で、倒れる前、最後に一里先の学校へ行った日に提出し忘れていたのである。

その〝キツネバナ〟の、真紅の花をつける茎が伸び出る以前に、夏の日照りの中で土手や畦道を右往左往しながらトングワかビッチュウグワで球根を探し当て、二つ三つと掘り出すのは、泥田でのタニシ採りや山中でのアサガラ刈りと同様に、疎開学童には骨の折れる作業だった。

＊

いま、「彼岸花」と銘打ちながら私は、あえて〝キツネバナ〟と記してきたのには理由《わけ》がある。往年の若狭地方での慣わしとしては、そう呼ぶのが適切で、老若男女誰しもがキツネバナと呼び、彼岸花とも曼珠沙華ともいわなかった。幼少時にしっかりと〝入力〟されきったその呼び名が、いまだに一番なじみ深く、彼岸花というのでさえ、いささか面映ゆく、ましてや曼珠沙華などとなると、それが仏教語に発する名称だと知っても、いかにも詩歌専用語のようで、少年期に爪の間に泥土を入れ込みながら球根をつかみ出していた花と同じ花とは思えず、なにやら〝よそゆき〟の名乗りのような気がする。ともあれ、こんにちでは彼岸花という一般的な呼び名が普及しきって、キツネバナの名は廃れたようだ。三十二、三年前に、若狭小浜から京都に嫁いできた従妹は、京都に来て初めて、ずっとキツネバナと呼び慣れていたこの花が京都では彼岸花としか呼ばれていないのを知った。代々が京都在住者だという人に聞いても、キツネバナなどという名は記憶になく、彼岸花一辺倒であった。越前の敦賀に近い若狭三方郡三方町に代々住む親類も、なじみ深いキツネバナが他地方でいう彼岸花と同じ花であるのは知っていたが、現在では高年者以外にはキツネバナと呼ぶ人はほとんどいなくなって、ほぼ完全に、彼岸花で通っていると語った。むろん、いわゆる彼岸花のほかに、キツネバナという別の花があるのでは決してなく、私たちが曼珠沙華とも呼んでいる彼岸花そのものを、ひたすらにキツネバナと称していたのだった。整理すれば、

一本立ちの薄緑色の茎に花一個を出し、朱紅色の花の六枚の花被の先が外側に反り返り、オシベ六本とメシベの花柱が花冠よりも長く細く上向きに突き出して湾曲する多年草＝彼岸花＝曼珠沙華＝若狭のキツネバナ

というわけである。

同じヒガンバナ科の花に、山裾に生えるキツネノカミソリというのがあり、これもよく知られているが、先述の彼岸花に比べると、花茎がぐんと黒ずみ、一本立ちの茎から三〜五個もの黄赤色の花を出す。三方町在住の高年者の話では、数年前、他府県へのバス旅行でこの花の群落を見かけたので同乗者に尋ねたら、「彼岸花の一種だ」と言われてびっくりしたという。幼時より、全く見慣れぬ花だったのである。キツネノカミソリの名は、茎が伸びだす頃には枯れて消える長い線形の葉が、カミソリ（剃刀）に似ているのに発するという。

若狭のキツネバナのことで面白いのは、その名とキツネとのかかわり合い。絶対に花を手折って家に持ち帰ってはならぬ、人を誑《たぶら》かすキツネが背中に負ぶさって一緒に家へやってくるからだ、だからこそキツネバナだ、というのであった。

稲の穂が色づいて首を垂れるころ、彼岸花は葉のない一本立ちの矢のような茎の先に、炎の如く真っ赤に開く。京都生まれ、京都育ちの一友人は、「家が火事になるから」と、花の持ち帰りを親に難じられた幼少時の記憶を語ったが、このような赤い花をカジバナとも呼ぶ地方のあるのは、火事花の意味である。「赤い花なら曼珠沙華……」などと歌われているかぎりは結構だが、ひとたびそれをめぐる習俗の世界をかいま見てみれば、長い歴史の中で人々がこの花にみとめてきたイメージには不吉感が付きまとって離れない。シビトバナ（死人花）・ユウレイバナ（幽霊花）・ソウレイバナ（葬礼花）などという呼称は言わずもがなであろうが、ステゴバナ（捨子花）・テグサリ（手腐り）・ヒゼンバナ（皮癬花）・カブレバナ（気触《かぶ》れ花）・ハッカケバナ（歯欠花）・ヤクビョウバナ（厄病花）等々、一々方言名を追うだけで気も滅入りがち。それらの呼称のルーツ・系統の分析も試みられてきているが、要するに触れるなよ、手折るなよ、滅多に家へは持ち込むなよと、幼い子らには特に強くいい聞かされた厄介な花だった。

ところがその一方、有毒の球根（鱗茎）を煎じたり擂り潰したりしたものの薬効も各地各様に信ぜられ、腫れ物・打ち身・捻挫の塗り薬や利尿剤などに適用されてきた。五十代以上の読者の中には、球根を材料として仕立てられた糊を、母親が伸子張り《しんしば》（洗い張りの方法の一つ）に刷毛で塗り延ばす光景を遠い思い出に持つ人もあるのではなかろうか。

薬や糊以外にも、彼岸花は役立っていた。粘り気があって萎びにくい葉は一定の湿度を保つので、それでミカンを包んで産地から輸送されたし、古くには、強い毒気を十分に取り去るべく念入りに水に晒した鱗茎でこしらえられたモチが、豊富な澱粉質により、飢饉など非常時の代用食品となっていた。だが、晒しが足りないのを食すると吐血したという話だから、いやはや怖いものである（前川文夫『日本人と植物』）。彼岸花を子どもたちの手から極力遠ざけようと仕付けられたのも、むりはない。それでもなお子どもたちは、奇矯な風体のこのヒガンバナ科の花々を、ジュズバナ（数珠花）・キツネノタイマツ（松明）・キツネノカミソリなどと呼んで、深まりゆく秋の日々、野外の遊び相手にしていたのであった（柳田國男『野草雑記』『方言覚書』ほか）。「キツネノ何々」の呼称は、いうまでもなく、この花をキツネバナと呼び慣わした人々の感覚と一体であろうが、ひとくちに、便宜上大きく「ヒガンバナ科」とくくってはみても、その実中味は多様であり、真っ赤に全面開花した状態が燃えさかるタイマツを連想させた種類もあれば、花に黄色が勝ち、葉の形態が剃刀を思わせたものもある――というわけである。先年、夏期休暇入りの直後に、同僚夫妻三組に加わって遊んだ洛北貴船の山裾のあちこちには、バスの窓からも一目でそれと分かるキツネノカミソリが草むらの中に花をのぞかせていた。

＊

ちなみに、小津安二郎監督初のカラー作品に『彼岸花』（一九五八年、松竹大船）があるのをご存じの方も多かろう。だが、あの映画が何故に『彼岸花』と題されていたか、これは深刻なる問題である。なぜか。

答えは単純である。かんじんの、秋の野辺を彩る彼岸花は、せっかくのカラー作品だというのに八瀬・大原のそれも嵯峨野のそれも画面には片鱗すら見せなかったばかりか、その語が見えたのは最初のタイトル「彼岸花」と、最後の「彼岸花　終」！　という隅っこの所だけであったのである。終わりのタイトルの「彼岸花」の小さな文字はたしかに赤色だったけれど、あれじゃ丸きりキツネに鼻をつままれたようなもの。それじゃ同じ小津の『麦秋』には五月の麦の穂波は出ていたのか、となると、記憶にはなくて閉口――（六

「麦秋」)。

それはさておき、浪花千栄子・山本富士子演ずる母娘の京都弁は、祇園の宿の、長話癖の女将《おかみ》である母親の口調と娘のそれとの差異をも含んで、想えばまことに、映画では稀にみる鮮やかさであった。なぜ『彼岸花』か、などという私のしょうもない懸念に対する解答は、あそこに登場していた初老の親たちそれぞれの〝人生の秋〟の色合い、手塩にかけた娘を、何のかのとぐずり倒し、当たり散らした挙句《あげく》に手放した父親の気分、加えては、

　青葉繁れる桜井の　里のわたりの夕まぐれ
　木の下蔭に駒とめて　世の行く末をつくづくと……

という親子の別離の唱歌(落合直文作詞・奥山朝恭作曲『青葉繁れる桜井の』)――それだけでも十分なはずだが、出る場面、出る場面を絶妙の京都弁で丸ごと食ってしまうあの母娘の印象深い、軽やかで明るい役まわりというものに私は、みめ良き母娘狐の跳びはねる影を想わずにはおれなくなる。

娘節子(有馬稲子)の恋にヘソを曲げてしまっている平山(佐分利信)は、ある日、女将の娘の幸子(山本)から相談をもちかけられる。自分には好きな人ができたのに母親が、気のすすまぬ縁談を強いて困るので東京へ飛び出してきたのだという。

縁談の話は真実で、母親は娘の気持ちなどお構いなしに、次から次へと婿候補を見つけては、けちをつけて別口に目を移す。今度もその伝で新手《あらて》を見つけてきたのである。年頃の娘を早く嫁がせたいという気分を周囲には露骨に見せながら、それとは裏腹に実は愛娘を手放したくないのだから、虚々実々。

ところで、沈んだようすの幸子の問いかけに答えているうちに平山は、責任は本人にあるのだから、ほんとに好きな人と結婚すればよいと、ついつい調子よく応対してしまった。それを聞いた幸子は、一転してはしゃぎだし、大喜びで電話口へと走る。好きな人があるのに云々は全くの嘘っぱちで、かねて相互支援を約していた節子の恋の成就のために一計を案じ、巧みに平山を引っ掛けて、確かな言質を取ったわけである。京の美女狐の謀計《はかりごと》、まことにお見事であった。

＊

京の歴史に、キツネの話題はごまんとある。なにしろ正一位の伏見稲荷大明神をはじめとする数多の社祠のことなど言わずもがな、卜占の神様と崇められた平安中期の陰陽家《おんみょうけ》、安倍晴明《あべのせいめい》は、摂津の武士安倍保名《やすな》が和泉信太《しのだ》の森に住む白狐の化身である女と契ってできた子だ、などという伝説すらも生みだされて、この都はキツネ伝承の一大るつぼであり、一大放射源でもあった。ここで、とうてい事実とは思えないが、御武家様がらみでそれなりに威風堂々たる〝近世ギツネ〟の不思議譚を一つ。

江戸時代、京都に住み所司代《しょしだい》に属した上方郡代《かみがたぐんだい》の小堀家の玄関先に、ある日、三千石以上の身分とおぼしい立派な供回りで訪れてきたものがあった。取次の者が出てみると、

長らく世話になって有難い事であったが、このたび他国へ栄転する事となったので、お暇《いとま》乞いに参った。

と、そう言い残して去って行った。だが、取次の者にも主人にも、その人の名には一向に覚えがなく、首を捻るままに日を過ごすうち、ある夜、その者が主人の夢枕に立ち、

この屋敷の鎮守の白狐である。年久しく屋敷内にいたが、このたび藤の森（伏見の藤《ふじの》森《もり》神社）の指図によって他国へ昇進する事となったので、疑わしく思うかも知れぬがこのほど暇乞いに参った次第である。これでもなお疑わしく思えば、明朝座敷の掾《えん》を清めておくように。訪れて対面しよう。

と告げた。あまりの不思議さに主人は、いわれたとおりに座敷の掾を塩水などで打ち清めて待機していたところ、一匹の白狐が現れて掾の上にしばらくうずくまっていたが、やが

て立ち去ったという。主人は「これはやはり（屋敷内に祀っている）稲荷社に住んでいた白狐が立身出世をしたわけだ」と喜び、御神酒・赤飯など調えて祝ったという（『耳嚢《みみぶくろ》』巻之二）。

＊

キツネバナは家へは持ち込むな、キツネが負われてくるぞと子どもらにさとしていた若狭の親戚のなかにも、先々代以来の熱心な稲荷信仰者がいて、敷地内に小さなお稲荷さんの祠があり、京都伏見の稲荷大社への参詣も欠かさない。守護神たるキツネと、由緒・出所も知れぬ野ギツネどもへの扱いの格差による、というわけであろう。大都市のビルの屋上にもお稲荷さんはしばしば祀られるのだが……、はてさて、ヒガンバナの話をしたかったのか、それともキツネの話をしたかったのか、自分でもよく分からなくなってきた。何やら気分がおかしい。気づかぬうちに、しっかりと誑かされきっているのではないか。この原稿も、編集部に届いた時には数葉の木の葉に変じているのでは、まさかあるまいな。

十四　菊花

じぶんの名に「菊」の字のつく身近な老女は一九〇七（明治四十）年の生まれだが、いつもそれを独特の口調で誇りとしてきた。菊は、めでたくて丈夫なので、八人きょうだいの最初に生まれたじぶんに、亡父がつけてくれたのだという。当の本人が幼少時から耳にたこができるくらいに聞かされていた由来話を、筆者もまた耳に大たこのできるほどに聞かされてきたわけだが、この話が出ると、そのついでに、どうしてか明治生まれの女性には菊のつく名の人が目立っていたともいう。あとの話はたしかめようもないが、なるほど……と思い当たる読者もいられようか。流行《はやり》の名付けというものは、あるのだろう。むろん男性にも、この字のつく名の人はいて、小学生のころ同級生の家に初めて遊びにいったら、表札に「〇〇菊千代」とあり、そっと聞いてみたらお父さんの名だというのでびっくり仰天したものである。「千代」などというのは女性名だとばかり思い込んでいたからだ。

そういえば、後年に観た黒澤明監督『七人の侍』の三船敏郎演ずる「菊千代」の印象も、何を怒鳴っているのか科白は聴き取りにくかったが、いまだに鮮烈である。ちなみに、あれはなにゆえに〝七人〟でなくてはならぬのかというと、実は深いわけがあって――ああ、映画の話となると切りがなくなる質《たち》だから、やめておこう。

大正の生まれだが高名な言語学者に「○○菊雄」という人がある。いま「きくお」とキイを叩いたら、ずらずらと菊雄・喜久男・喜久雄・喜久夫・菊夫が並んで名乗り出た。「喜久」というのもまためでたいが、音通とともに菊の隠喩も重なるのであろう。めでたくて、丈夫だというあれである。

＊

ところで、菊のステータスが日本歴史上に急浮上したのは、平安新京の時代に入ってからであった。

識者によれば、この植物は中国原産の外来植物で、『古事記』『日本書紀』には名をみせず、また、これを詠んだ歌は奈良時代の『万葉集』には一首も出ておらず、同時代の漢詩には題材となっていたものの、中国の神仙思想についての知識によって象徴的に詠まれていたにすぎないという。そのような菊が急に浮上しだしたのは、七九四（延暦十三）年の平安遷都以降のことで、桓武・平城・嵯峨三代の宮廷における菊花愛玩の風潮によってであり、少し時代が下れば、その場—環境となったのは重陽節《ちょうようせつ》であった。重陽節とは、正月七日の人日《じんじつ》、三月の上巳《じょうし》、五月の端午《たんご》、七月の七夕とともに年に五度の節句、すなわち五節句（節供）の一つで、九月九日の節句である。これを重陽といったのは、陽数の九を重ねるというわけで、別には重九《ちょうきゅう》ともいい、これには「長久」の意味も重ねられたという。いわゆる菊の節句で、宮廷文芸創出の場の一つでもある菊水の宴、菊花宴と一体であったが、時代を追ってこの宮廷儀礼が安定するにつれて天皇—皇族—貴族の社会での菊への関心はいやましに募り、それの栽培・保全にも強く意が払われるようになった。そればかりではなく、左右に分かれて競合する菊合せや前栽《せんざい》合せの優雅な〝遊び〟をも生んだのである。仏前の供花《くげ》とともに、平安貴族文化を彩る〝物合せ〟の代表格ともいえるこれらの遊びが、永い〝いけばな〟の歴史の起点に立つ。

＊

菊の隠喩は、当初より一貫して不老長寿ということにあった。

ついでながら、平安京大内裏には豊楽院《ぶらくいん》という、大嘗会・節会《せちえ》をはじめ射礼《じゃらい》・競馬《くらべうま》・相撲《すまい》などのさいの饗宴用の宮殿が設けられていたが、その北側の門は不老門と呼ばれた。中国洛陽の城門に発する名だという。話題の逸れついでにいうと、端午の菖蒲の根茎や葉がそうであるように、この菊の花・葉にも古くから〝呪能〟〝薬効〟があると信ぜられてきた。風邪除けには節分の日に菊葉を焚いて当たれば良いとか、産婦には菊の花か葉を煎じて飲ませると良いし、咳止めにも効くとか、虫刺されや蜂刺されには葉を塩で揉んでつければ良いとかの類であるが、頭痛治しに、九月九日に菊花で醸した酒の香を嗅ぐと不思議に効くという民間療法もあったというのは面白い。筆者なら、とてものこと香だけでは我慢できずに、周りの者たちの隙をみて一気に飲んでしまおうが、それだと頭痛は余計ひどくもなるか――。

酒の話になったが、「菊水」で造った酒は『菊水』という。

菊水とは、中国は河南省内郷県にある白河の支流の名だそうで、その崖上の菊から滴り落ちる露を口にした〝仙童〟が長寿に恵まれたという。謡曲『菊慈童《きくじどう》』(『枕慈童』)で知られる中国の伝説であるが、謡曲の直接の素材は『太平記』巻十三の「竜馬進奏の事」その他の説話にあるとみられてきた。舞台では、主題にふさわしく共に菊籬《きくまがき》を付した藁屋の作《つくり》物《もの》と一畳台とが用いられ、藁屋の内にシテ（主役）が入る。舞は〝遐齢延年《かれいえいねん》〟、すなわち長命を寿ぐもの。シテは、七百年を経てもなお童形《どうぎょう》を失わぬ美少年なのである。

彼は、もと周の穆王《ぼくおう》が寵愛の侍童であった。ある時、誤って王の枕をまたいでしまったのが咎められたが、過失ゆえに死罪一等を免ぜられて内郷県東北の深山へと流された。王は慈童を哀れんで法華経の普門品《ふもんぼん》の中の二句の妙文を枕に記して与えた。慈童は命ぜられたままに山中にて毎日これを唱え、菊の葉にも備忘のために記したが、その葉より滴る露を飲んだところ、「もとより薬の酒なれば」「露の身の、不老不死の薬となって七百歳を送りぬる……」という次第であった。

謡曲の素材のことはさておくとして、「菊」の露を「薬の酒」「不老不死の薬」とする理念というものは、重陽節に列席して賜杯を傾けた平安貴族たちの頭にいち早く定着していた。それの証《あかし》が「延喜式」にいう「菊酒《きくざけ》」であり、九月九日の饗宴に適用された酒を、中国での例にならってそう呼んでいた。「菊酒」とは菊の花を浸した酒であるが、後世その名は加賀の銘酒に受け継がれ、今日にいたる。

これも余談だが〝悪左府〟の異名を歴史に刻んだ藤原頼長は、三十三歳の年、一一五三

（仁平三）年の重陽の宴席では菊酒を口にしなかった。みずから日記（『台記』）に記すその理由は「長命を好まざるに依るなり」であった。かくべつ長生きしたいとも思わぬ……というのであるが、ほかの同時代のお歴々とは一味も二味も違う彼の人間的な面白さは、こういうところにもふと現れる。周知のように、その好むと好まざるとにかかわらず、三年後の保元の乱では非業の死を遂げている。彼が瀕死の身を辛うじて運び、最期の対面を求めた父は、拒んで会わなかった。

「菊酒」といえば、一五六一（永禄四）年の春までに成立していたはずの狂言で、「菊酒」の名が出る『餅酒《もちさけ》』というのがある。年貢の「菊酒」を運ぶ加賀の百姓と、これも年貢の「鏡餅」を運ぶ越前の百姓とが正月に都への道中で合流し、領主の館に着いて蔵納め。だが、安堵したのもつかのまで、年貢滞納の罰に和歌を詠《よ》めと求められた。加賀の百姓は、

飲み臥《ふ》せる酔《えい》の紛《まぎ》れに年《とし》一つ　打越酒《うちこしざけ》の二年酔《にねんえい》かな

と詠む。泥酔していた間に越年し、これじゃ（二日酔いならぬ）二年酔いじゃ、の意。

いっぽう越前のほうは、

年の内に餅はつきけり一年《ひととせ》を　去年《こぞ》とや食はん　今年《ことし》とや食はん

と詠む。ただ、餅をついて食う……ということを、著名な『古今和歌集』冒頭の在

原元方の一首、

年の内に春はきにけりひととせを　こぞとやいはむ　ことしとやいはむ

をもじった即興。幸い領主のお褒めにあずかり、諸税免除で大喜びしたのはよかったが、大声で騒ぎすぎた罰を食らい、こんどは一つ大きな歌を詠め、と命ぜられる。やむなく、例の順で、

盃は空《そら》と土《つち》との間《あい》のもの　富士をつきず（酒）の箔《ほう》にこそ飲め

大空にはばかるほどの餅もがな　生けらう一期《いちご》かぶり食らはん

と詠み上げて盃を賜り、何はともあれ、めでたしめでたし。狂言諸本で多少表現は異なるが、前者は富士山を盃の受け皿（箔の物）にして飲んでやろう……といい、後者は、大空の広さにまだ余るほどの大餅を一生噛り食いしたい……などといって笑わせるのである。

＊

中世の公家の日記にも、むろん重陽の関係記事は見えるし、和歌にも菊花は詠まれ続けるが、さほどとりたてて話題とする程のこととてない。すでに『紫式部日記』にも

世におもしろき菊の根をたづねつつ掘りてまゐる。色々うつろひたるも、黄なるが見

どころあるも、さまざまに植ゑたてたる（下略）

とあるように、各種の菊があちこちに採訪され、晴れの儀礼の庭《ば》や菊合せ・前栽合せの庭前に、前もって臨時に移植されていたのだが、栽培・育成の実態となると闇の中。

しかし中世も後期の室町ともなれば、断片的だが興味深い記事が笑顔をのぞかせる。

一四四三（嘉吉三）年閏十月二十四日、〝弘法さん〟の東寺で、二十一口方《にじゅういっくかた》といわれた評定機関の衆が「菊作《きくづくり》」の問題を審議した。同寺に接する領地内の大宮で「茶屋」を営む祐阿弥《ゆうあみ》という者が、その在所で菊を作りたいと申請してきていた件で、審議の結果「許用」（許容）と決まった。しかし、同時に同寺南大門の茶屋については、「寺中」（寺内）を「菊作」のためにうろうろするのを禁止する、と決議しているのから察すると、すでに門内の空閑地を無断で利用して菊を栽培していたものか。さきの祐阿弥は、翌月半ばにも再び「菊作」のことで色々と嘆願していたようだが、詳細は不明である（以上、『東寺百合文書』ち之部十五号）。

この話は、東寺領に住んで参詣人相手の茶屋を営む庶民＝町衆が菊の栽培に余暇を充てており、列島上ただ一つ、あらゆる身分・階級・職業の人々を含み込んでいた人口稠密の京の都で、菊花が商品価値をもちはじめていた事情をうかがわせる。その背景には、狂言でも題材となる〃いけばな〃の広まりもあったに相違ない。

＊

さて、先述のような「おもしろき菊の根をたづねつつ掘りてまゐ」り、「さまざまに植ゑたて」る実際の作業には、いったいどのような人々が従事したのだろうか。

古いことは知れないが、室町時代のその辺りの事情に新たな角度から光が当てられたのはごく最近のことであり、丹生谷哲一氏の「河原者・菊・天皇」による。詳細は、先の菊慈童の伝説のことも含めてそれによってほしいが、題目にも示された河原者（御庭者）、そして雑芸民の声聞師《しょうもじ》大黒《だいこく》や散所者《さんじょのもの》などの隷属民たちが、重陽の前日に天皇の御所に菊花を献上するとともに、それを庭前に植え込む役を勤めたのであった。

文中に氏が指摘していることであるが、散所者と菊とがセットで告げられる初見の記事は八坂神社に伝来する『祇園執行日記《ぎおんしぎょうにっき》』にみえ、南北朝時代の一三四三（康永二）年十月二十八・二十九日の両日、散所長寿法師なるものが菊を祇園社へ持参して植えたというものである。十月というから重陽にはまったく関せず、配下集団の栽培・育成していた菊を、上からの求めに応じてか否かは知らず、おそらくは祇園執行の館の庭前に移植したのであろう。その後の〝世話〟もまた、彼とその配下の者たちの奉仕によったであろうことは、室町時代の山水河原者たちの習いに照らしてみて、推察するに難くはない。

これも丹生谷氏が集約的に注意をうながしていることだが、中世の「王権」の理解には「正月に千秋万歳を唱え、重陽に菊を献じてきた中世河原者・散所者の世界のあった」現実は軽視しえない。従来は、新年の到来を寿ぐ千秋万歳の営みにはそこそこ心を入れて見ていても、〝彼らにとっては何故に菊であるか〟が問われることは、遂になかったのである。私たちは、まさに現代の「象徴天皇制」そのものに深く通底する歴史的課題を確かめるためにも、平安京成立以来の「菊」の隠喩に目を凝らさねばならない。

＊

文様としての菊の歴史も、本体の歴史とともにあった。平安時代に始まるそれは、貴族生活における装束・調度品などを飾る格好のデザインの一種であり、適用例は枚挙にいとまないことであろうが、その永きにわたる伝流は、女性の衣服に絞ってみれば華燭の典をいっそう華やかに彩る振袖や留袖にも、連綿と生き続けているのである。

その菊の文様は、単なる意匠として「国民の皆さん」に親しまれ、楽しまれるのであるが、花の顔容《かんばせ》のみで、しかも十六花弁の八重菊や十四花弁の裏菊ともなると、それが何を物語るかを知っている人には一種独特の、不可思議な緊張をもたらす。十六花弁の八重菊といえば天皇家専用の紋所であり、片や十四花弁の裏菊のほうは皇族専用のそれだからである。

やれ菊じゃ、それ菊花じゃと追いかけてくれば、とどのつまりはここに到る。

通説では、この菊花が皇室の紋所として定着への途をたどりだすのは後鳥羽院が愛好したのによるというから、鎌倉時代初期のことであるが、菊花紋が皇室以外に用いられるのが厳禁されたのは明治維新後のこと。そこで、平安以来の文化伝統に立ちながら「菊」が保ち続けていた、しなやかな、豊かな意味に、新たな重力が添えられた。時すでに「京」は、首都の地位を東京に譲り、古都としての第一歩を踏み出していた。

ちなみに、祇園祭の山鉾巡行には、菊水鉾（四条室町上ル）も、りりしい姿を見せる。古くには菊水山《やま》といったが、それはともあれ一八六四（元治元）年の禁門の変の兵火に罹災したこの鉾の再興が着手されたのは、八十八年も後の一九五二（昭和二十七）年のことであった。菊水の名を冠する一基の鉾の歴程にも、「京」の近代史は息づいている。

手拭いのなかの菊水鉾

▲「地—earth power」しゅろ縄　篠竹　彼岸花〈1987.9.京都・堺町画廊〉
作＝西村菁洋　写真＝藤井金治　　　『花橘をうゑてこそ』別刷扉写真作品

後記

こんにちに至るまで、京都・若狭・富山の地での日常生活、さらには、いくつもの職場での仕事をつうじて数多の貴重な教訓を我が胸に刻んでいただいた方々に、まず御礼を申し上げる。併せて、小文連載中に、さまざまな部類のご示教を折にふれて頂戴した植木行宣・大塚光信・大室幹雄・米井力也・左方郁子・芝村篤樹・鈴木孝志・鈴木輝彦・滝本雄三・西岡成幸・西川嘉門・野元菊雄・師岡佑行・吉村亨の各位、並びに、師岡氏のご紹介で彼岸花によるいけばな作品の写真を快く提供して下さった西村菁洋氏に、深甚の謝意を表したい。作品展の期間中作者は、花を自ら採集してきては差しかえられていたと仄聞するが、顧れば、早くに氏のこの作品が私自身の目にも触れていたとしたら、彼岸花をめぐる私の想念は全く別な世界へと歩み出し、拙文の域を超えて羽撃いたことであろう。

また、本書がかように形を成すまで松田徹氏には長年にわたりご心労をいただき、連載開始時から本書刊行に至るまでは伊藤雅昭氏の一方ならぬお世話になったのを、更めてありがたく思う。論著をつうじてお教えをたまわった方々のお名一々はここには割愛し、巻末の一覧を以て代えることで、ご海容を請う次第である。

最後に、連載記事をお読み下さっていた方々、拙い本書を手にして下さった方々、掲載図版のことも含めて本書の制作にご協力いただいた皆様方にも、ここに篤く御礼を申し上げる。お蔭で、ささやかな宿願を又一つ遂げることができた身を、まことに幸せに思う。

山科牛尾山麓の寓居で　　横井　清

一九九三年　重陽

おもな参考文献

朝日新聞京都支局編　『京の花風土記』（淡交社、一九六九年）

飯島吉晴　「柳　民俗、象徴」（『大百科事典』14所収、平凡社、一九八五年）

飯島吉晴　「椿」（『大百科事典』9所収、平凡社、一九八五年）

生島遼一　「菖蒲　民俗」（『大百科事典』7所収、平凡社、一九八五年）

井口樹生　「落合太郎先生のこと」（生島『水中花』所収、岩波書店、一九七二年）

位藤邦生　『古典の中の植物誌』（三省堂選書、一九九〇年）

位藤邦生　「『満済准后日記』の文学性」（位藤『伏見宮貞成の文学』所収、清文堂、一九九一年）

位藤邦生　「真名日記の面白さ・一面」（岩波書店発行、季刊『文学』第2巻第3号、一九九一年夏、所載）

井上頼寿　『改訂　京都民俗志』（平凡社、東洋文庫、一九六八年）

稲垣足穂　「幼少年的ヒップナイド」「高野六十那智八十」（稲垣『少年愛の美学』所収、河出文庫、一九八六年）

稲垣足穂　「『稚児之草子』私解」（稲垣『A感覚とV感覚』所収、河出文庫、一九八六年）

岩田慶治　『花の宇宙誌』（青土社、一九九〇年）

岩田慶治　『草木虫魚の人類学』（講談社学術文庫、一九九一年）
岩波新書編集部編　『辞書を語る』（岩波新書、一九九二年）
潁原退蔵　「召波――詩人柳宏」（潁原『蕪村』、創元社、一九四三年、２版）
大曽根章介　「和漢朗詠集十二月」（秋山 虔他『詞華集 日本人の美意識 第一』所収、東京大学出版会、一九九一年）
太田晶二郎　「ホトトギスと史料」（日本歴史学会編集・吉川弘文館発行『日本歴史』111号、一九五七年九月、所載）
大森志郎・桜井 満・本田正次・松田 修　『松竹梅――日本人の美と心』（社会思想社、教養文庫、一九七二年）
折口信夫　「春日若宮御祭の研究」（『折口信夫全集』17所収、中央公論社、一九七六年）
折口信夫　「花の話」（『折口信夫全集』２所収、中央公論社、一九七五年）
折口信夫　「鶯替へ神事と山姥」（『折口信夫全集』16所収、中央公論社、一九七六年）
大室幹雄　『寅さんがタバコを吸わない理由《わけ》――現代映画習俗誌』（三省堂、一九九一年）
京都新聞社・三浦隆夫編　『都の花がたみ』（京都新聞社、一九九一年）
京都府教育委員会編　『京都の民俗芸能』（京都府教育委員会、一九七五年）
小泉義博　「洛中洛外屏風の農作業風景」（日本史研究会発行『日本史研究』337号、一九九〇年九月、所載）
小泉義博　「臼と中世稲作」（『武生市史編さんだより』22号、一九九〇年九月、所載）
小松茂美編集・解説　『続日本の絵巻20　当麻曼荼羅縁起／稚児観音縁起』（中央公論社、一九九二年）

近藤浩文『植物故事ことわざ』（保育社、カラーブックス、一九八二年）
斎藤正二「自然のみかた」（大島建彦他編『日本を知る小事典6　自然とこころ』所収、社会思想社、教養文庫、一九八〇年）
酒井　欣『日本遊戯史』（建設社、一九三五年、再版）
佐々木清光「ホトトギス　民俗」（『大百科事典』13所収、平凡社、一九八五年）
佐藤忠男『黒澤明解題』（岩波書店、同時代ライブラリー、一九九一年）
三条西実隆『実隆公記』（続群書類従完成会、一九六七年、再版2刷）
島崎敏樹『生きるとは何か』（岩波新書、一九七四年）
関　敬吾『日本昔話大成2　本格昔話（一）』（角川書店、一九七八年）
相馬　大（写真　椙　龍二・本田俊雄）『花のこころ　京都』（光村推古書院、〈カラー〉フルール双書、一九七七年）
相馬　大『花の文化史』（文一総合出版、一九八〇年）
中島暢太郎監修・京都地学教育研究会編『京都自然紀行——くらしの中の自然をたずねて』（人文書院、一九八八年）
高野伸二編『野外ハンドブック・4　野鳥』（山と溪谷社、一九八四年、9版2刷）
高橋善幸・西阪専慶・西澤信一・高木俊夫『京都花ごよみ』（講談社、一九八六年）
高橋昌明「よごれの京都・御霊会・武士」（京都民科歴史部会発行『新しい歴史学のために』199号、一九九〇年七月、所載）

戸田芳実　「十―十三世紀の農業労働と村落――荒田打ちを中心に」（戸田『初期中世社会史の研究』所収、東京大学出版会、一九九一年）
中村公一　『中国の花ことば――中国人と花のシンボリズム』（岩崎美術社、一九八八年）
中村真一郎　『建礼門院右京大夫』（『日本詩人選』13、筑摩書房、一九七二年）
奈良本辰也編　『京都故事物語』（河出書房、一九八〇年、普及版初版）
丹生谷哲一　「河原者・菊・天皇」（吉川弘文館発行『日本歴史』502号、一九九〇年三月、所載）
西川照子　『神々の赤い花――人　植物　民俗』（平凡社、一九九〇年）
根岸鎮衛　『耳嚢』上（長谷川 強校注、岩波文庫、一九九一年）
能勢朝次　『世阿弥十六部集評釈』上（岩波書店、一九四〇年）
林屋辰三郎　『京都』（岩波新書、一九六二年）
林屋辰三郎　「天神信仰の遍歴」（林屋『古典文化の創造』所収、東京大学出版会、一九六四年）
林屋辰三郎編　『石山寺蔵　伝法記とその紙背文書』（法蔵館、一九九一年。特に解説中の「時鳥の願文について」の項）
原　勝郎　『東山時代における一縉紳の生活』（『日本文化名著選』、創元社、一九四一年。『現代日本思想大系27　歴史の思想』、筑摩書房、一九六五年、再録）
廣江美之助（写真　弓削 政）　『京都　祭と花――神仏ゆかりの植物』（青菁社、一九九〇年）
藤沢周平　『隠し剣秋風抄』（文藝春秋、文春文庫、一九八四年）
堀内敬三・井上武士編　『日本唱歌集』（岩波クラシックス、一九八二年）

前川文夫　『日本人と植物』（岩波新書、一九七三年）
牧野富太郎　『植物知識』（講談社学術文庫、一九八一年）
松岡心平　「稚児と天皇制」「稚児としての世阿弥」「花・幽玄・しほれ――稚児の美学」（松岡『宴の身体――バサラから世阿弥へ』所収、岩波書店、一九九一年）
松本隆信　「稚児観音縁起」（『日本古典文学大辞典』4、岩波書店、一九八四年）
水野克比古　『京の四季花ごよみ――花咲く道を歩く』（講談社カルチャーブックス、一九九一年）
三谷榮一　『日本文学の民俗学的研究』（有精堂出版株式会社、一九八七年、新装版）
宮　次男　「稚児草紙」（『日本古典文学大辞典』4、岩波書店、一九八四年）
宮田　登　「八百比丘尼」（『大百科事典』11所収、平凡社、一九八五年）
村田　源監修・永井かな解説・内藤登喜夫写真　『京都の野草図鑑』（京都新聞社、一九八五年）
村田正志　『證註椿葉記』（『村田正志著作集』4所収、思文閣出版、一九八四年）
柳田國男　「野草雑記」（『定本　柳田國男集』22所収、筑摩書房、一九六二年）
柳田國男　「方言覚書」（『定本　柳田國男集』18所収、筑摩書房、一九六三年）
柳田國男　「豆の葉と太陽」（『定本　柳田國男集』2所収、筑摩書房、一九六二年）
柳田國男　「神樹篇」（『定本　柳田國男集』11所収、筑摩書房、一九六三年）
横井　清　「京都幻像――ある小宇宙」（『文化の現在4　中心と周縁』岩波書店、一九八一年、所収。のちに横井『光あるうちに――中世文化と部落問題を追って――』阿吽社、一九九〇年、再録）

横井　清　「遊戯と娯楽」（大島建彦他編『日本を知る小事典6　自然とこころ』所収、社会思想社、教養文庫、一九八〇年）
横井　清　「『菖蒲茶』『菖蒲』『篛』」（桃山学院大学総合研究所発行『国際文化論集』2号、一九九〇年八月、所載）
和歌森太郎　『花と日本人』（角川文庫、一九八二年）
渡邊昭五　「中世歌謡の柳——田植唄・風流踊歌において——」（『國學院雑誌』66－10号、一九六五年一〇月、所載）
和辻哲郎　「巨椋池の蓮」「京の四季」（和辻『埋もれた日本』所収、新潮社、一九五一年）

＊

鈴木棠三編　『日本俗信辞典　動・植物編』（角川書店、一九八二年）
中村元・福永光司・田村芳朗・今野達編　『岩波　仏教辞典』（岩波書店、一九八九年）
平凡社　『京都市の地名』（『日本歴史地名大系』27、一九七九年）
平凡社　『カラー植物百科』（一九七四年）
有朋堂　『名家俳句集　全』（有朋堂文庫、一九二七年）

*

解説　『都忘れの京語り』―誕生まで―

瀬田勝哉

まえおき

突如狂言の世界から飛び出してきたような人物といえば少しは伝わるだろうか。大好きな「武悪」の太郎冠者と武悪を、本人が一人二役で演じているような人物といえばもっとわかりやすいかもしれない。下人身分の親しい同僚の二人だが、一方の太郎冠者は武悪の不奉公を怒りまくる主人の命を受け、武悪の成敗に出かけることに。追い詰められて窮地に陥った武悪の言葉についほだされた太郎冠者は、一計を案じて主人を欺く。

その先の顛末は読者にお任せするとして、こんな大曲を一人二役で演じられるような横井清を、舞台横で幕の揚げ下げをするくらいの私が解説できるわけがない。「武悪」をはじめ、様々な中世民衆像、庶民像を描いてその知恵、活力のはかりしれなさを笑いのパワーとともに引き出した横井だ。相手がデカすぎる。当の横井も「やめときなはれ」というに違いない。

それでもご指名を被った以上、ここは無理を承知で、生硬で生真面目な私の話に我慢しておつき合いいただきたく思う。時間の流れを行きつ戻りつしながら『都忘れの京語り』はどんな道筋を経て装い新たに登場したか、少し書いてみたい。

奇妙な書名―『都忘れの京語り』

何となくわかるようで、いまひとつはっきりしない『都忘れの京語り』という書名は、本書「花橘をうゑてこそ――京・隠喩息づく都」の「序に代えて」から頂戴して今回新たにつけたものだ。「都忘れ」とは薄紫色をした菊の一種をいうらしい。しかし横井はこんなふうに書いている。一九九三年十月のことだ。「京都という故郷と自分との関係にこだわり続けてきたことが根っこにある。それをたどるために樹木や花を借りたまで」だと。

この「序に代えて」のなかで「故郷京都」という言葉を繰り返し使っているが、これは不思議なことだ。横井は『中世民衆の生活文化』(東京大学出版会、一九七五)という、内容も表紙も斬新この上ない書をひっさげて華々しく中世史学界にデビューした。硬い論文体に手を焼きながらも、そのスタイルに慣れようともがいていた私のような並みの研究者にとってはあまりにも衝撃的だった。扱った題材は京都を対象とするものが多かったし、横井自身も根っからの京都人である。自分にとって京都論は「終生の最重要主題」にならざるをえないと明言したこともある。

そんな横井が「故郷」などというのはどうもしっくり来ないが、盛んに「故郷京都」と言い出す時があった。決して最初から「故郷」などとは言っていないのだ。どこにそのきっかけがあったか。八一年十二月、北陸の富山大学に職を得て赴任し、七年余りの教員生活を送ったその頃からだ。「同地で京都を見直したり考え直したりする営み」を不断に続け「長年にわたって馴染みきっていた故郷京都の本質」を発見できたと言っている。

これくらいのことなら、京都育ちでよそに出た人だったらたいてい一度はやってみることだろう。横井がふつうと違ったのは、常に「京都の歴史と自分との関係」を見直し考え直す、つまり自分の心深くに錘をおろし、自分の過去の体験から京都を問い続けるというところだった。

こんなふうに心の深くを覗く営みを続けていた横井も、富山でそうこうするうちに「生活実感の現場としての故郷京都が、私から次第に遠のいて行かざるをえなかった」というようなことも書いている。ここの言葉が最も重要だ。

「生活実感」。これこそは横井が中世の民衆像を探っていく上でも常にしっかりと抱きしめて手放さなかったものである。先にあげた『中世民衆の生活文化』（傍点筆者）を生み出した根源もここにある。その生活実感が富山にいて次第に稀薄になり遠のきつつある。そのことが「都忘れ」という、一見奇妙な言葉を呼び起こすことになったにちがいない。都を離れて時間とともに都の記憶が薄くなっていったというような、ただの薄ぼんやりした「忘却」などではないのだ。

「お町内」からの「京都論」――「京都幻像――ある小宇宙」

それでは横井のいう、稀薄になりつつある「生活実感」とは何か。これをはっきりと書いているのが本書「京都幻像――ある小宇宙」である。この一文は横井の全著作のなかでも特に心して読むべきものと私は思う。京都論を語る者には決して避けて通ることの出来ない恐ろしい文なのだ。

最初は一九八一年三月岩波書店が企画した『文化の現在』シリーズの4『中心と周縁』に掲載された。それを横井は富山大学をやめる時に作った文集『続「私」の証明』に一度載せている。極く限られた周辺の人に配布されただけだが、それがさらに二年後、桃山学院大学の教員になっていた九〇年十二月、『光あるうちに――中世文化と部落問題を追って――』（阿吽社）に再収録され、世の多くの人の目に触れることとなった。本の中では「別篇」となっているから本論ではないのだが、どうしてもここに載せておかねばならなかったのだろう。強い意志が感じられる。実は私も恥ずかしながら九年遅れでこれで知った。

「生活実感」をいう前に、まず「京都幻像」の「幻像」とは何かを確かめておこう。横井は言っている。

おのずと小考は「個」の体験やら感触やら見聞やらを心身の記憶の網の目から抽出することから出発し、進行する。しかしながら、これとても所詮は一つの見方でしかありえないし、別の「個」に照らせば、現実から程遠いものかと思う。いわずもがなではあろうが、小考の論旨を直ちに一般化して受けとるのは避けて下さり、まずは私の心に映ってきている「幻像」として読み進んで下さるようおねがいしたい。

他人ではない、まずは「私」という「個」の心に映っているもの、それを「幻像」と呼んで、その「幻像」から出発すると言っているのだ。「〈私の京都〉論」という言い方もしている。

この「幻像の京都論」は、これまで数多ある京都論に対して全く違う角度からぐさりと急所を突き刺すものであった。外側に対してではなく、正直過ぎるほど正直に矛先を自分に向け、その身を突き刺す京都論だった。自分が住まいし日々生活する「お町内」からの京都論だ。「お町内」という京都の小世界が提起される。

横井の住まう下京の一郭は祇園祭の山鉾を出す鉾町の外側にあたり、決していわゆる京のど真ん中とはいえない。むしろ人によっては周辺部とも見る地である。しかも当の家はといえば、「玄関の戸をあけるとすぐ裏」というような「小さな小さな〈町〉なかのしもたや」で、四軒続きの長屋の二階の三畳を横井は自分の「小宇宙」としなければならなかった。「お町内」といっても、観光案内書に出てくるような魅力一杯の京町家が並ぶそれとは自ずから違う。

「お町内」から少し「下（しも）」には、京都市内でも最大規模の同和地区があった。そうした地理上の位置関係のなかでの子供時代の体験と感覚、臭覚など、自分の身を晒しながらおそろしく正直に語っている。別の小文では、中学・高校・大学はずっと「上（かみ)」にある私立の立命館に通ったが、それは近所の学区を避けたかったからだとも書いている(「部落史研究と「私」」『光あるうちに』)。

こうして日々培われた生活実感が横井には染み付いていた。自分の過去に錘をおろし、そこから〈私の京都〉を引きずり出す営みを横井は根気よく続けていたのだ。それでもまだまだ言葉にできないことがあるとも素直に語っている。いつもながらの腰の低い、笑いを呼び込み和ませてしまうような独特の言い回しで、ともするとことの深刻さも忘れてしまいかねないが、実はそこから横井の京都論は立ち上がっている。四〇年も前のことだ。これを横井は自分で「異形の故郷=京都論」といっている(『光あるうちに』はしがき)。全く「異形」過ぎるくらい「異形」なのだ。

「生々しさが稀薄になる」

だいじなことは周辺部とはいえ市中の只中にいるときには、横井は「京都論」を書いていないことだろう。問題の「京都幻像」はそこからさらに数キロ離れた東山の反対側、これまでとは違って日が落ちる東山(そこからは「花山《かさん》」といった)を見るようになった山科移住後のことである。やっと京都を対象化できるようになってからだ。洛中ど真ん中からみればやや周辺のさらにその外側に移って、「京都」や「町」や「名所」が多少とも対象化して眺められるようになって書き始めたことになる。

それまでは見えなかったものも見えて来たのである。逆に、見えなくなったものも多いようで、ことに、あのお町内界隈での「生活」実感というのは、なおもそこに住む近親者の口や表情を通して僅かに感じとれる程度になり、年を逐うにつれて生々しさのようなものが稀薄となった。当然のことであり、仮りに足繁くその地へと通ったとしても、通うことと住むこととでは勿論決定的に違っている

といっている。

「生々しさが稀薄になる」、この生々しさが薄れる感覚のなかで横井の書いた「異形の京都論」は、それから三十四年後に出版されて大いに評判を呼んだ井上章一の『京都ぎらい』（朝日新書、二〇一五）に似ていて、その先駆ともいえる。『京都ぎらい』は出るべくして出た本で、小気味よく「洛中」に向けて発射される「洛外」からの攻撃は痛快極まりない。横井もこの本の出現を珍しく喜び、面白がった。

しかし私の見るところ、二つは決定的に違っている。『京都ぎらい』は著者が自信を持って京都ぎらいを書いている。腹が座っているから臆するものなど何もない。井上が生きてきたそれまでの間にどのような経緯があったにせよ、書いている時点では本人自身がおもしろがり楽しんでいるようにさえ見える。世間に「受ける」ことは最初から十分予想できた。

一方横井の京都論は決して「受ける」ようなものではなかった。どうしてか。自分が住まう「お町内」と、そのごく近隣の同和地区と自分との関わりなどという、黙っておればおれなくもないようなことを自分で抉り出しているからだ。摩擦が大き過ぎる。いってみれば自分の肉を削ぐような痛みをともなう心の営みである。独特の名文に救われるけれど、恐ろしく「しんどい」京都論でもある。読者は喝采するどころか、黙って自分の体験を思い起こし、自分の心を覗きつつ頷くしかなかった。世間に「受ける」わけなどないのだ。

「お町内を視野に入れたりベースにした京都論、京都人気質論をぶってくれる学者がいっこうに現れん」と早くから言っていたが、やっと出た井上のものでもその視点はない。横井も言葉にこそしなかったが、きっと不満だったのではないか。

時の流れを元に戻そう。山科に移って自分を中心にした京都論を語れる条件は出来た。

しかしこの山科から京を語る行為は、実のところ横井も感じていたように「生々しさ」が薄まることによって、すでに「都忘れ」のごく初期の兆候を示してもいたともいえる。「都忘れの京語り」はもう始まっていたのだ。

次に来るもっと本格的な「都忘れ」を予感していたのか、横井は「十年が二十年、二十年が三十年になれば、いったい事態はどのようになるものか。また数キロの距離が百キロになり千キロになったら、私の中の「京都」「町」像はどのように変わるのであろうか。」ともつぶやいている。「一所不住」という言葉を発しているのもこの頃のことだ。

山科・牛尾山麓の時代——「牛尾山麓記抄より」

横井が「京都幻像」を書いた八一年三月の頃、横井は何で飯を食っていたのか。すでに三人の子もいた。にもかかわらず、この時期いわゆる正規の定職には就いていない。自分の紹介欄には必ず「著述業」と書いている。

学界の話題をさらった初版以後、講談社の学術文庫に収まるまで一四刷と版を重ねた『中世民衆の生活文化』は、その数を知るだけでもいかに多くの読者を摑んできたかがわかるだろう。この本を書いたのは七五年、花園大学専任助教授の時だった。順調にすべり出し、さらに条件のいい職歴を重ねられるポジションにいたといえよう。

私のような東京在住者にとっては「牛尾山麓」といわれても全くピンとこないが、山科盆地の東側の山、その向こうは大津市という地点に一九六九年横井は新たな居を構えた。次の年には正規の職として花園大学文学部専任講師の職にも就けて、もろもろ順調に滑り出し始める。本書「牛尾山麓記抄より」はその洛東山科でのけっこう自然に恵まれた中でのやや牧歌的生活が書かれている。

「洛東トマト合戦のこと」を読んでいただきたい。農村風景のまだ残る山科盆地の一光景だ。子供の「トマト合戦」が描かれている。私は読みながら抱腹絶倒してしまった。題名もおもしろく、「子供はかくありたきもの」と応援してしまいたくなるほど感動的だが、私が笑ってしまったのは合戦する子供の姿から横井その人が彷彿としてきたからだ。

横井の行動は時には奇行ともいえるほど突拍子もないこともあり、「行き過ぎの失敗」は知る人ぞ知るだろう。迷惑を被ったとして横井が弁償金を支払う羽目になった事件も直接、間接に聞いている。横井の片鱗が子供にも鮮やかに映っていて、他人事ながらそこに小さな横井を見た。「牛尾山麓記抄より」の時代までは、凹凸を伴いながらも大学教員としてかなり落ち着いた生活環境にあったといえようか。

ところが学内で出くわした一件にどうしても我慢が出来ず、七九年三月、自ら大学を辞して在野の人となる道を選んだ。大学教員が定年まで保証されることの恐ろしさ、気味悪さを感じつつ、一年有余を悶々としてのことらしい。「牛尾山麓記抄より」のなかで唯一その心のうちを吐露しているのが「「一所不住」の夢」だ。そして遂に「筆一本」で生きると覚悟したのである。このとき四十三歳。

研究者が自らを「著述業」と書いたことの意味を軽く考えてはならないだろう。今の非正規大学講師やポスドクが溢れる以前のことだ。自ら定職を捨て著述によって生計をたてる。高度経済成長期の名残のような風もまだ少し吹いていて、自分を信じ、きっと出来ると横井は判断したのだろう。妻泰子をなんとか説得してのことだった。自分の書く文章になにがしか自信めいたものを抱いていたと見るのは穿ち過ぎだろうか。

花園大学を辞して著述業時代に入った横井は、これまたユニークな書『看聞御記（のち御記を改めて日記としている）』（そしえて、一九七九）を書いている。横井にしては珍しく一冊すべて書き下ろしの渾身の作品だ。部落史、差別史と格闘していた横井が、室町時代の貴族も貴族、息子が天皇になるような身分の伏見宮貞成の日記を読んで一書にした。「「王者」と「衆庶」のはざまにて」という副題がついている。

一方には天皇の正統な継承資格者でありながら疎外されている自分に対し、その運命を決める絶大な権力保持者たる室町殿と後小松院の「王者」が存在する。もう一方には日々の暮らしに興味溢れる情報をもたらしてくれる身近な領内外の「衆庶」がいる。その間にあって揺れ迷う一個の「人間」を、「はざま」という観点から追い求めた。人が生まれついて否応もなく背負っている複雑な背景を決して単純化せず、見逃さず、矛盾のなかで懸命に生きる人間像である。横井の言葉をそのまま引けば「人物の「生」が、その「時代」の動きや特質と接触してスパークする〝瞬間〟を大事に見つめたい」（『中世を生きた人びと』ミネルヴァ書房、一九八二）とされた「はざまの人」伏見宮貞成であった。自分自身に引き寄せつつイメージしたというほど熱が入っていた。

しかしこの著述業時代の横井の生活環境はかなり、どころか妻泰子の言葉を借りれば経済的には筆舌に尽くしがたく厳しいものであった。全く予想外のことの連続だったのだろう。横井も体を壊して入院した。よくもまあそんな極限状況の生活の中で、自分に向き合い、あの「京都幻像」や『看聞御記』が書けたものだとただただ驚嘆する他はない。

北陸富山へ　そして再び山科に――「京都幻像・その後」

運がよかったというべきなのだろうか、八一年十二月日本海側の富山大学への就職が決まり、二年半の「著述業」はその看板を下ろす。そして翌年四月から富山大の教壇に立った。いよいよ予感した通りの「都忘れ」の地に降り立ったのである。

この頃書いた「旅の人」という一文がある（『光あるうちに』）。そのなかで「私は、どうやら初めて、京都という土地を自分の生れ育ったなつかしい故郷として持つようになるかも知れない……京都にいて京都をみたり考えたりするのとは根本的に違った視座にめぐまれたのだから、ここは一番、じっくりと腰を据えて眺めつづけたい」と書いている。富山に降り立った早い頃から、京都を「故郷」と見るようになるかもしれないと感じていた。

しかし富山の地ですぐに「故郷京都論」を始めた形跡はない。富山では否も応もなく富山人のいう「旅の者《もん》」であることを思い知らされる。富山のことを知る勉強もしなければならなかった。同時にここでは富山の部落教育についても盛んに発言している。山科との二重生活の重さを感じながらも、概して積極的に発信し研究意欲も盛んだった。名作『的と胞衣―中世人の生と死』（平凡社、一九八八）がここで生まれている。同書は横井にとっても、自分自身の研究の転換を促す推進力になるほど重要な意味を持つ仕事である。

とはいえ、富山の気候や内向きで保守的な風土は横井にはあまり合わなかったようだ。その頃の心境が短いながらも本書「京都幻像・その後」に書かれている。「故郷京都」への思いも次第に膨らみ、一層強くなりつつあったのだろう。

たまたま大阪からの誘いもあって、八九年三月をもって富山を離れる。七年余の北陸生活を終え、四月大阪南部の堺市にあった桃山学院大学に着任する。富山赴任中も家族が守っていた山科牛尾山麓を再び住まいとしながら、大学まで片道二時間弱かけて通った（一九九五年和泉市への移転後は二時間半）。そしてこの時期、「都忘れ」の気分のまだ残るまま、いよいよ問題の「京語り」が九〇年九月から三省堂広報誌の連載で始まる。九三年にはそれを編み直して『花橘をうゑてこそ——京・隠喩息づく都』一冊とした。本書に収載したものがそれである。ただし今そこに進む前に書いておかねばならないことがある。

大きな決断

富山から京都に戻った横井は、またしても自らに新たな決断を迫ることになる。先にも引いた書『光あるうちに』の「はしがき」と最後の「解題　中世文化と部落問題を追って」にその決断は静かに、しかしきっぱりと示された。専門とする中世史の研究者だけでなく、横井に関心のあるさまざまな分野の読者をも驚かせた内容だ。九〇年十二月のこと。横井といえば部落史、部落問題研究は切っても切れないと誰でも思っていたのだが、横井は今後これについては活字にしない、音声を通じて語ることもないと表明した。

「どういうこと」と、だれもが訝しく思った。前の年の十月には「部落史研究の到達点と課題」、この年の四月には「いちばん小さな〝中世部落史〟」という一文を書いているのだから、きっと十二月までの短い間に決断を促す何か事件があったのだろう。その何たるかの詮索はここでは必要ない。あくまでもきっかけであって、横井は「かねてより感ずるところあって」と言っているから、もっと以前に孕まれ、次第に大きくなり、いつかは決断しなければならないと覚悟していたのだろう。ともあれ『光あるうちに』の「はしがき」と「解題」を書き上げ、部落問題・部落史にかかわる直接的な発言を締めくくった。

注意しておかなければならないのは、この九〇年十二月をもって横井が終えたのはいわゆる「部落史」であり「部落問題（論）」であるということだ。横井が一貫して持ち続けた「生と死」や「差別」に対する関心が失われたわけでは決してない。横井はこうも言っている。これらは今後「本来の領域である日本中世史研究」の中で行うと。いわゆる解放に関わる「運動」と人間関係からは手を引くが、『的と胞衣』で追い求めたような心の問題、それは当然差別にも関わるが、「隠喩」という隠れた、あるいは隠されたものの意味を読み解く作業で続けると。それも人の対象はもっと広げて「日本中世を生きた人びと各層」について行うとも。

「隠喩息づく都」論――『花橘をうゑてこそ』

自分としての整理、決断がついた横井は肩の力を抜き、気持ちを軽くして次の一歩を歩み出す。決断とほぼ同時期の九〇年九月から三省堂広報誌に「京・隠喩息づく都」と題する連載を始めた。九二年七月までつづく。九三年全体を編み直して一冊とした。それが本書に収めた『花橘をうゑてこそ――京・隠喩息づく都』(三省堂、一九九三)ということになる。いつかはやりたいと念願していたテーマでもあったのだろう、心の躍る様が文章全体から滲み出ている。

本人は書名の「花橘をうゑてこそ」は西行の歌(我やどに花橘をうゑてこそ　山ほとゝぎす待つべかりけれ『山家集』上)から持ってきたことに深い意味はないと流しているが、その気楽な言いぶりにもきっと何か深い感慨が秘められていたにちがいない。妻泰子は本書巻頭の「復刊によせて」で自分なりの解釈を書いているが、十分ありそうなことだ。ただ外から見るしかない私はここはサラリと通り過ぎることにするが、全体の内容からいえば、副題にある「京・隠喩息づく都」が最もタイトルに相応しいだろう。そもそも広報誌連載の時はこれが題名だったのだから。

ちなみにこの歌の「花橘」と対になる「ほととぎす」については、本文七の〈菖蒲〉と八〈卯花垣〉をぜひお読みいただきたい。田植えをする早乙女たちの心が見えて興味深いし、ここに引っぱり出される清少納言の苦々しい顔が想像できるのもおかしい。

さて「隠喩」。このなじみの薄い言葉を正しく理解することは容易ではないが、横井はそこをうまく導いてくれる。「京都という強烈な磁場が隠し持ってきた意味」つまり「隠喩としての京都」を樹木や花を借りてたどってみよう、花木はときに人間たちの「面影」「身代わり」にもなり得るのだからと。いつもながらの巧みな言葉の言い換え術にはため息をつかされるが、無粋な私ならさしずめ「暗黙のうちにも了解し合える花木に込められた京の人びとの心意」などと、クソ面白くもない固苦しい定義をしてしまうだろう。

「隠喩としての京都」といいながら、ここには京都だけではなく、越中富山や若狭があちこちに顔を出す。富山は七年余りを送った町だから不思議はないが、若狭はなぜか。実は若狭は横井の愛してやまない母の郷里であり、自分自身も幼少期の六、七年を過ごした地だ。祖父母の記憶とともに「自分の心を育んだ数多の民俗と古風な人情の森」でもあった。横井の文には常に若狭が地下水のようにゆるやかに流れている。

越中富山と若狭、それに二つの間にある金沢を含めて、北陸・日本海の文化を巻き込みながら、さらに「京都」もあの「お町内」の集合体的狭い町中だけでなく、郊外の田園も山も含めたゆったりとした広がりのなかで、横井は花と草木で綴る「隠喩に見る京都文化論」を随筆の形で展開した。

横井には立命館中学在学中以来の読書と映画・演劇鑑賞の膨大な蓄積がある。「桃夭《とうよう》文庫」と名付けられた横井の書庫がそのことを物語っているが、それをもとに整理された横井の頭の「抽出し」には、歴史関係は無論のこと、古今東西の古典文学から現代文学、歌謡、笑話、演劇、映画、俗信、民間習俗、宗教等々、ジャンルを問わない何でもござれの多種多様な知識がぎっしり詰まっている。そこから手品のように紡ぎ出される花木の話題は時空を飛び越え、上下左右に変幻自在、時には眩惑されそうにもなるが、読者はひとまず話の面白さに身を任せてそれを堪能するのがいいだろう。まるで音声の「横井節」が文字に置き換わったような感がある。

ずばり言えば、かつて「都忘れ」しつつもこだわった「生活実感」としての「生々しさ」はここではほとんど感じられない。代わって主役となった切口が「隠喩」で、花木に託した京の人びとの心意が古典や映画、行事、民俗などから浮かび上がる。

その場合、「隠喩息づく都」などといかにももののしく構えてみても、案外この書には「これが隠喩です」といった単純明快な一つの結論が示されることなどはまずない。これは横井の文を読む時の心得でもあるが、一つの結論に収斂しない、させない、それがむしろ常のことなのだから。「隠喩」という言葉には頼らず、隠れていた花木に対する人びとの心、感覚を掬いとれればそれでよい。それこそが横井の言いたかった「隠喩」というものでもあるだろうから。

松に始まり梅、柳、桜と続き彼岸花、菊で終わる一四章は、ほぼ季節の順に並ぶ。それぞれが隠し持つ隠喩の面白さは読む者の好みによっても違うだろうが、私などは高瀬川沿いの旧遊郭の柳と、旧島原遊郭出入口大門脇に立つ枝垂柳から呼び起こされる町中の柳の隠喩の話に強く惹かれた。隠された意味は柳ひとつとってもどれも同じというわけではないが、確かにこうやって京の町を眺め直せば、そこここに見える立木の柳も、地名にしか残らない柳もいやに気になり出してくる。

今はたった一例を引いたに過ぎないが、こんなふうに花木から京の人びとの心のあり様を覗くという試みは新鮮で楽しい。これからは町中で出会う塀ぎわの「見越しの松」も、季節の行事を彩るあやめや菊も、どれもこれもあたりまえのものとして素通りすることなど出来なくなる。

両輪揃っての横井京都論――『都忘れの京語り』

そもそも「隠喩」で京を読み解くというような発想が、これまではどこにもなかったように思う。京都を「異界」から見るという「闇・京都論」とでもいえそうな著述は以前からけっこうあり、もてはやされもした。それはそれで見えにくい裏側の世界から京都を照射する方法として有効である。しかしもっと日常的に誰の目にも見えているはずのもの、聞こえているはずのもの、触れているはずのもの、使っているはずのものでありながら、意識しなければそれと気づかないもの、そこに隠れた、隠された意味、心意を引き出す、そういった「隠喩から読み解く京都論」がこれからは必要なのではなかろうか、そう横井は呼びかけたのだと思う。いわゆる思想や宗教といった正装して向き合うようなものではなく、人びとの日常に根ざした親しい事物や言葉に潜む心意を掬い上げ、それをもとに「京都の文化」をもう一度考え直そうというのだろう。

もちろんそんな試みは、だれにでも簡単に出来るものではない。深く豊かな文化的素養なくしてはとうてい叶わないが、ではそれがあれば可能かというとそうもいかない。実際に「京都という現場」にあって特有の「生活実感」を身につけ、しかも日々おこるさまざまな出来事に敏感に反応しながら生きた横井だからこそやれたという面が強い。弱まったように見えた「生活実感」は、やはりここでもなくてはならぬものとしてしっかり生きていたのだ。

私はこれまでこの本のことは、軽快なフットワークに幻惑されたこともあってあまりまともに考えて来なかった。しかし今回再度読み直してみて、「京都隠喩論」なるものが非常に斬新かつ重要な問題提起であったことに気づきハッとさせられた。本当はそんなことにいまごろ驚いていてはいけなかったのだが。

先にもちょっと触れたように、横井は『的と胞衣—中世人の生と死』で、すでに隠喩論の試みは始めていた。それを京都に絞って自由に書こうとしたのがこれだったのだ。千二百年の長い時間をあらゆるものを飲み込みながら生き続けてきた京都のこと、このたびは花木に代弁させたが、実はもっともっとたくさんの隠喩を横井はこの町に見ていたのだろう。繰り返し言うが、『的と胞衣』こそはその後の横井の研究にとって極めて大きな転換点であったのだ。

「何をいまごろ、遅すぎるがな」

呆れつつもちくりと刺す横井の声が聞こえる。私たちは少し立ち止まり、いま一度周りに目をやり、何でもないものにも気づかねばならないだろう。「身近な京都文化論」とでもいえようか。パイオニアとして、ときに面白おかしく、深刻ぶらずに、遊びも入れて横井はすでにスタートさせていたのである。

こうしてざっと見てきたところからも、横井の京都論は「京都幻像」と「花橘をうゑてこそ」を車の両輪として捉えなければ本当のところは理解できない。両輪あってこそなのだ。いや本当は「両輪」といういい方は正しくない。「京都幻像」から「花橘をうゑてこそ」への展開というべきだろう。時間差がある。「生々しさ」を前面に出した地理的社会論としての「お町内からの京都論」から、何となく隠れたもの、隠されたものを引き出す文化論としての「隠喩に見る京都論」へ。そのどちらにも日常的な「生活実感」はまちがいなく流れているが、前者と後者では質を大きく変えていたのだ。

＊

この横井が提起した作品の一方『花橘をうゑてこそ』が「断裁」されていたことを、一九九九年突然横井は知らされた。断裁は単なる絶版ではない。文字通り切り刻まれるのだ。それも予定のこととしてではなく、すでに完了したこととして告げられたのである。そのことを知った横井は、自分の分身が切り捨てられた思いだったにちがいない。地団駄踏む悔しさは私が語るよりは、ともに悲しんだ妻泰子の本書冒頭の「復刊によせて」で想像していただくのがよい。

私が言いたいのは、「断裁」は一冊の本を消すというだけのことではなく、横井清という歴史家の立てた方法論を無かったことにする行為にも等しいということだ。今回妻泰子の熱意により失われた『花橘をうゑてこそ』を復活させることになったが、元の本の復刊とせずあえて二つの京都論を並べたのは、両輪揃うことで横井の京都論が展望できると考えたからだ。その企画にわずかながらも参加できたことを私は素直に喜んでいる。

『花橘をうゑてこそ』その後

ついでといっては横井にすまぬが、ここからは『花橘をうゑてこそ』の先を少しだけ書いておこう。

二〇〇二年三月定年前に桃山学院大学を辞め、山科の家を引き払って妻泰子にゆかりのある岡山県の一農村に移住する。本人には一人の知り合いもなかったが、泰子曰く、他に選択肢はなかったと。小さいながらも独立した書庫のある家を建て、本格的な「都忘れ」の日々を送ることになる。時おり思い出したように私にも「備中農村部近況報告」が届いたが、横井らしくまるで小説を読んでいるような気分にさせてくれた。細やかな観察眼は相変わらずで、こんな田舎にも不条理は山とあるという怒りと諦めの入り混じった内容であった。ユーモアがありすぎてこちらもつい気楽に応酬していたが、ほんとうはそれどころではない体の変調があっちにもこっちにも出て満身創痍、その他のことでも悩まされていたことを後で知った。

二〇一九年四月七日、希代の歴史家であり文章家でもある横井清は岡山大学病院でややあっけなく逝った。入院の時も家に戻ることを信じて疑うところはなかったという。書斎にはやりかけの仕事が残され、自分もやり遂げるつもりだった。京都にもどる選択肢はもはや全くないとわかっていたし、「都忘れ」の気分も一層進んではいたが、それでも、いやだからこそともいえようか、最後まで「故郷京都」への思いは捨てきれなかったように手紙からは察せられた。こうして横井清はかつて自分でも半ば望み、半ば諦観していたように「一所不住」の人生を閉じたのである。

横井は二年前から献体の登録をしていたが、亡くなった後、岡山大学病院での解剖実習も新型コロナの襲来もあってのびのびになり、待つこと二年、やっと煙とともにお骨になれたのは二〇二一年五月のことであった。その間文字通り、この世とあの世の狭間に漂わねばならなかった。「はざま」という言葉を好み、自分も「はざまの人」を自覚していたふしのある横井のことだ。死してなお長時間「はざま」にあったことも、「わてらしいわ」とおかしげに笑っているのではないかと勝手に想像する。

編むことを愛した人

今回復刊の相談を受けて私は迷った。出してくれる出版社など私の知る極く狭い範囲では思いもつかなかった。しかし妻泰子の意志は固く、自分で編集工房ノアを探し出し交渉した。あの夫にしてこの妻あり、いやこの妻にしてあの夫ありかもしれないが、思いと行動力は抜群だ。編集者涸沢氏からは受けてくださるとの返答とともに編集の提案がなされた。

私は考えた。横井は一度書いたものをしばしば編み直すということをしている。そもそも「編む」ということが好きで楽しんだ。愛しているのだ。編み上げた後の章の名付けにも横井らしいこだわりが見られる。

しかしそれは決して小手先の技術的手直しや楽しみといったものにとどまるものではなかった。何度も何度も元に戻ってしつこいほどに問い直す、それぞれの文の関連性を考えて組み直す、そうした問題の深化の結果の「編む」でもあった。これから先のこともどう編んで、どういうタイトルを付けるかの案もすでに幾つか持っていた。私の知る限り、そのタイトルはまことに横井らしい。

そんな横井のことだから、こちらに残っている者が勝手に編み直したり、名前をつけるなどということには強い抵抗感もあった。しかし涸沢氏の提案もあり、相談の結果こういう書名と編成になった。

――聞いとくなはれ横井はん　『都忘れの京語り』　これでよろしおすか　あんたは

んの好きな武悪がやらはったように　幽霊姿になってでも　今度は御主人やのうて
わてらに一言かけてびっくりさせておくれやすな――　（初めて京都弁で書いてみた
けど、こんなんでええんやろか、笑われそうやけど、けっこう難しいなあ京都弁は…
…ある大阪人のひとりごと）

横井清略年譜

年譜作成にあたって
一、年の区切りは、西暦（和）年号の順にし、年齢は当該年の満年齢とした。
二、学歴・職歴等は、提出済みの履歴書・個人調査票によった。
三、その時々の心情とか、幼少時のエピソード等については、妻泰子が折々に聞かされた話を〈〉をつけた清自作の俳句とともに記した（俳号・青水）。二〇〇九年頃からのものが多く残る。
四、著作の記述は基本的に単行本に限り、書名・出版社名・刊行年の順にした。いくつかの共著本については、横井とのゆかりの深さを考慮して、共著者名とともに記した。雑誌論文・事典項目は特別なもののみ記した。
五、故人については、強い影響を受けた人、格別の思いを抱いていた人のみ記述した。敬称はすべて割愛した。親族については、死亡月日を記した。

一九三五（昭和十）年
十月三十一日、京都市で生まれる。父（横井是洞）は愛知県出身、母（河原菊枝）は福井県出身。

一九三六（昭和十一）年　一歳
母が病弱であったため、この頃から、福井県遠敷《おにゅう》郡三宅村日笠（現・三方上中郡若狭町日笠）の母の実家で祖父母に育てられる。祖父の趣味は鳥撃ち。犬といっしょによく連れていってくれたが、困ったのは便意を催した時。その〝処理〟については、祖母にはないしょにした。
幼時のおもちゃは、かまぼこ板と釘・金槌。前日打った釘は翌朝には祖父の手により抜かれていた。その繰り返しであった。

〈独り遊びなれし手つきで釘を打ち〉（二〇一七年作）

祖母はよくねんねこで背負ってくれた。なつかしい髪のにおい。

〈婆の背に椿油を嗅いで寝る〉（二〇一七年作）

一九四一（昭和十六）年　六歳
近くの高倉幼稚園（東本願寺系）に行くため京都へ戻された。家は東本願寺別邸の枳殻邸から北へ向かうぬけ路地のつきあたりにあった。
十二月八日、太平洋戦争勃発。

一九四二（昭和十七）年　七歳
四月、京都市下京区の稚松《わかまつ》国民学校入学。

一九四四（昭和十九）年　九歳
学童縁故疎開で再び福井の祖父宅へ行き、三宅村の三宅国民学校へ約一時間かけて通う。

一九四五（昭和二十）年　十歳
この年七月、父京都日赤病院で死去（七十八歳）。
七月某日、疎開先の祖父宅庭で、敵機近接を見て驚き転倒、木の臼で頭を強打し、叔父たちにリヤカーで小浜の病院へ運ばれる。気がついた時には園長先生に教わった「大東亜戦争」は終わっていた。
九月、稚松小学校に戻る。

一九四八（昭和二十三）年　十三歳

四月、地元の公立の新制中学校へ進むことを避け、私立男子校の立命館中学校へ入学。以来一貫して立命館の学内進学であったため、受験勉強の必要がなく、もっぱら読書と洋画観賞に明け暮れた。国語や作文は得意分野であったが、理数系は苦手で、数学は2を通し、教師に何とか3にしてんかと交渉したが、気の毒やけど1に近いんやと断られた。学校から程近い船岡山公園で友人たちとよく〝落とし物〟を拾得して持ち帰り、学校の水道で水をいっぱい入れて振り回し、「級長のくせに何してんや」とこっぴどく叱られた武勇伝は、何度も聞かされた。

一九五一（昭和二十六）年　十六歳

三月、立命館中学校を卒業し、四月、立命館高校入学。日本史を上島有《たもつ》、国語を草部了円に学ぶ。

一九五四（昭和二十九）年　十九歳

三月、立命館高校を卒業し、四月、立命館大学に進学する。

一九五五（昭和三十）年　二十歳

二回生のとき、上島有に連れられて、鹿ヶ谷《ししがだに》の林屋邸での大乗院の会に出たのが、生涯の師・林屋辰三郎との初の出会いであった。

一九五八（昭和三十三）年　二十三歳

三月、立命館大学文学部史学科日本史専攻卒業。卒業論文は「鎌倉末期における畿内の在地情勢と悪党―大和国平野殿庄の場合―」。

四月、立命館大学大学院文学研究科（日本史学専攻）修士課程に進む。

一九六一（昭和三十六）年　二十六歳

四月、社団法人部落問題研究所研究員（昭和四十一年五月まで）。

四月、京都府立鴨沂高校非常勤講師（昭和三十七年三月まで）。

四月、立命館中学校・高校非常勤講師（昭和三十七年三月まで）。

『部落史に関する綜合的研究』第三編集。

同右、第一・二の正誤表作成にたずさわる。

一九六二（昭和三十七）年　二十七歳
七月、立命館大学大学院文学研究科（日本史学専攻）修士課程修了。修士論文は「日本中世における卑賤観の展開とその条件――一つの試論的展望――」。

一九六五（昭和四十）年　三十歳
『部落史に関する綜合的研究』第四編集。

五月、荒木泰子（岡山県出身、二十八歳）と結婚。

七月、『京・歴史と文化』、光村推古書院刊、共著者・林屋辰三郎。

一九六六（昭和四十一）年　三十一歳
二月、長男京《きょう》誕生。

五月、いわゆる「文化厚生会館事件」で部落問題研究所研究員の職を失う。十二指腸潰瘍で、左京区家森医院へ通う。

七月、『平家物語』、保育社刊、共著者・門脇禎二。

一九六七（昭和四十二）年　三十二歳
四月、京都市史編さん補助者（昭和四十四年五月まで）。

一九六八（昭和四十三）年　三十三歳
四月、立命館大学非常勤講師（教職日本史・日本史特講担当）（昭和四十四年三月まで）。

九月、長女文《あや》誕生。

一九六九（昭和四十四）年　三十四歳
六月、「日本の名著15『新井白石』」、『読史余論』現代語訳担当、中央公論社刊。

七月、山科（当時は、東山区山科）へ転居。東山連峰（山科では花山《かさん》といった）へ西日が沈むのを見て動揺した気持ちは長く尾を引いたようだ。

一九七〇（昭和四十五）年　三十五歳

四月、花園大学文学部講師として定職を得る。あちこち職を転々としながら生活を支えて来たさまは、友人に「まるで将棋の駒みたい」と評されたが、一まず安定することになった。初任給は四万円。

一九七一（昭和四十六）年　三十六歳

六月、次男類《るい》誕生。

十二月、平凡社東洋文庫201『日本の茶書1』刊。編注：林屋辰三郎・楢林忠男・横井清。

一九七二（昭和四十七）年　三十七歳

三月、平凡社東洋文庫206『日本の茶書2』刊。編注：林屋辰三郎・楢林忠男・横井清、協力者・熊倉功夫。

茶道人口の増加を受けて、少部数ずつながら途切れることなく『日本の茶書1・2』の刊行が続いた。

一九七三（昭和四十八）年　三十八歳

四月、花園大学文学部助教授に昇任。

五月十二日、泰子父死去（七十八歳）

一九七四（昭和四十九）年　三十九歳

初夏、いわゆる「洛東トマト合戦」起こる（本書70～76頁参照）。戦士は長男他合計三名。飛び交った青トマト四、五百個。弁償金三万円。「右正ニ受取旲（候カ）也」との受領書が残っている。内訳は、トマト一個五拾円として六百個分。

十二月、論文「「平家物語」成立過程の一考察――八帖本の存在を示す一史料」、岩波書店『文学』42巻12号所載。のち、『中世日本文化史論考』、平凡社、二〇〇一年六月に再録。

一九七五（昭和五十）年　四十歳

四月、『中世民衆の生活文化』、東京大学出版会刊。中でも特に質疑・意見・感想が集中したのは、「中世民衆史における『癩者』と『不具』の問題」に対してだった。この書の成り立ちについては、『三十七人の著者　自著を語る』（渡邊勲編、知泉書館刊、二〇一八年）の50～59頁にくわしい。

一九七六（昭和五十一）年　四十一歳

この年度学生部長を務める。大学の新キャンパスへの総合移転をめぐって、学生側とのやりとりは激烈を極め、山科の私宅まで学生の〝襲来〟を受けたが、子はおもしろがって風呂場からラジカセに録音するマイクを向けていた。

春、中京区鈴木肛門外科病院で痔の手術をうける。

十一月十三日、泰子の実母死去（七十二歳）。

一九七七（昭和五十二）年　四十二歳

八月、『シンポジウム　差別の精神史序説』、三省堂刊。共著者：井上ひさし・野元菊雄・広末保・別役実・松田修・三橋修・山口昌男・由良君美・横井清。

十二月、私家版『「私」の証明』刊。これは花園大学の学生数名がみずから写植機を使って印刷製本したもの。

一九七八（昭和五十三）年　四十三歳

四月十五日、泰子母死去（七十七歳）。

一九七九（昭和五十四）年　四十四歳

三月、悩んだ末に、花園大学を退職。以後著述業を称す。

四月、花園大学非常勤講師（部落問題論・古文書学担当）（昭和五十五年三月まで）。

四月、京都大学教育学部非常勤講師（日本教育史講義担当）（昭和五十五年三月まで）。

五月、『東山文化　その背景と基層』、教育社刊。

十二月、『看聞御記―「王者」と「衆庶」のはざまにて』、そしえて刊。

十二月、「部落史研究と「私」」、『人間雑誌』創刊号、草風館、所載。

一九八〇（昭和五十五）年　四十五歳
五月、『下剋上の文化』、東京大学出版会刊。

十月、お茶の水女子大学非常勤講師（児童学総合研究講義担当）（昭和五十六年三月まで）。

一九八一（昭和五十六）年　四十六歳
三月、「京都幻像―ある小宇宙」『文化の現在4中心と周縁』、岩波書店、所収。

四～六月、毎日新聞夕刊コラム「視点」に全十二回寄稿。この間、肝臓を痛めてしばらく入院生活を送った。

六月、『中世を生きた人びと』、ミネルヴァ書房刊。

七月、『現代に生きる中世』、西田書店刊。

十二月、富山大学人文学部教授（文化構造論担当）に任用され、はじめて京都を離れて単身赴任する（昭和六十四・平成元年三月まで）。

一九八三（昭和五十八）年　四十八歳
四月、国立歴史民俗博物館展示プロジェクト委員（昭和六十年三月まで）。

六月、東京外国語大学アジア・アフリカ言語文化共同研究者（主宰・山口昌男）。

一九八四（昭和五十九）年　四十九歳
四月、国立歴史民俗博物館共同研究者（昭和六十一年三月まで）。

一九八五（昭和六十）年　五十歳
六月、「被差別部落」項ほか、『大百科事典』1所収、平凡社。なかなか脱稿に至らず、担当者内山直三の富山滞在を引き延ばし苦労をかけた。

一九八六（昭和六十一）年　五十一歳

六月、『週刊朝日百科　日本の歴史10　中世I―⑩悪党と飛礫・童と遊び』責任編集。

七月、『週刊朝日百科　日本の歴史13　中世II―②河原と落書・鬼と妖怪』責任編集。

一九八七（昭和六十二）年　五十二歳

九月、『週刊朝日百科　日本の歴史76　近世I―⑩賤民と王権』共編者：網野善彦・塚本学・横井清。

一九八八（昭和六十三）年　五十三歳

八月、『的と胞衣《えな》―中世人の生と死』、平凡社刊。この書で第42回毎日出版文化賞を受ける。

一九八九（昭和六十四・平成元）年　五十四歳

一月七日、天皇裕仁死去。平成の世になる。

三月、富山大学を辞す。自装版『続・「私」の証明』を作る。居を京都に戻す。

四月、桃山学院大学文学部教授として勤務。

夏、ポルトガルへ旅行。天正遣欧少年使節の足跡《そくせき》を追うての旅。

一九九〇（平成二）年　五十五歳

十二月、『光あるうちに』、阿吽社刊。「京都幻像――ある小宇宙」（『文化の現在4中心と周縁』、岩波書店、一九八一年三月）、および、「部落史研究と「私」」（『人間雑誌』創刊号、草風館、一九七九年十二月）再録。

感ずるところあり、以後部落問題に関する発言、執筆等は控えることとする。

一九九一（平成三）年　五十六歳

九月、『史話　中世を生きた人びと』、福武書店刊。（初出は、『中世を生きた人びと』、ミネルヴァ書房刊、一九八一年六月）。

一九九二（平成四）年　五十七歳

三月、富山大学での同僚であった鈴木孝志の留学先、アイルランドからの招きによりその地を訪れる。

一九九三（平成五）年　五十八歳

十月、『花橘をうゑてこそ——京・隠喩息づく都』、三省堂刊。本書は、三省堂『ぶっくれっと』に九〇年九月～九二年七月に連載された文が元になっており、新稿一編（十二「法性花」）を加えて一書になしたものである。

一九九四（平成六）年　五十九歳

十一月、平凡社ライブラリー『東山文化　その背景と基層』刊。（初出は、教育社刊、一九七九年五月）。

一九九五（平成七）年　六十歳

五月、大腸ポリープ切除。悪性であったため、手術して切除することになった。

六月、山科の洛和会音羽病院で大腸がん開腹手術をうける。直後に腸閉塞になり再度開腹手術が施された。七月初旬退院。

＊

この一九九五年は戦後五十年目にあたる。一月には阪神淡路大震災、三月には地下鉄サリン事件が起こった。

＊

勤務先の大学のキャンパスは堺市にあったが、この年の四月から和泉市に全面移転した。通勤時間は二時間を優に越えた。種々工夫もこらしたが、健康上の不安はぬぐえず、加えて教学上の疑問点も重なって、この頃から定年前の退職を考えるようになった。退職後の居所としては、総社市在住の泰子実兄が自宅隣の地の提供を申し出てくれ、三十余年に亘る山科での生活に終止符を打ち、未知の場所に終の地を求める決心をしていった。

一九九六（平成八）年　六十一歳

二月二十一日、平凡社編集者内山直三死去（五十歳）。

一九九七（平成九）年　六十二歳

四月から一年間のサバティカルに入る。

五月、パソコンに単語登録を始める。

九月、論文「「一期《いちご》」の認識について」『日本思想史学』29号所載。この抜刷を受け取った林屋辰三郎は自らは目が悪くて読めず、全文を夫人に読み上げてもらったという。その二日後に入院した（夫人の葉書による）。

一九九八（平成十）年　六十三歳

二月、平凡社ライブラリー『的と胞衣―中世人の生と死』刊。（初出は、一九八八年八月）。

二月十二日、林屋辰三郎死去（八十三歳）。

同十四日、葬儀・告別式に列席する。

六月、太平記論文私家版を作り20人に送る。

十月、招きにより梅原猛宅訪問。

一九九九（平成十一）年　六十四歳

二月、『花橘をうゑてこそ――京・隠喩息づく都』三省堂刊の断裁を知る。

三月、香港・マカオへ旅行する。聖パウロ天主堂跡、残された壁の前に立って感銘を受けたと葉書に記している。

五月、『下剋上の文化』復刊、東京大学出版会。

五月、網野善彦編『日本の名随筆99歴史』、作品社刊。『的と胞衣―中世人の生と死』（平凡社刊、一九八八年）より、「鳥の声、弓弦の音―「音声」への関心に寄せて」を収録。

十二月、岡山県総社市影に家が完成した。名は「影里庵《えいりあん》」。

二〇〇〇（平成十二）年　六十五歳

八月二十四日、母菊枝死去（九十三歳）。

十一月、別棟の書庫「桃夭文庫《とうようぶんこ》」完成。

二〇〇一（平成十三）年　六十六歳

三月二十三日、奈良本辰也死去（八十七歳）。

六月、『中世日本文化史論考』、平凡社刊。

九月十一日、アメリカ同時多発テロ発生。

二〇〇二（平成十四）年　六十七歳

三月、桃山学院大学退職の歓送会あり。

三月、高梁川に程近い備中の家に移り住む。同行は、大量の書籍ほかの荷物に加え、山科からの植物たち、猫二匹、鶏五羽、鶉《うずら》一羽だった。

山科疏水横の桜のうろに生えていた苗木一本は横の山の斜面に根づき、成長して、毎春みごとな山桜を咲かせてくれる。

＊

かくして、自ら望んだことではあるが、大学を定年前に退職し、備中農村での人生最終章を迎えた。心中《しんちゅう》には貞成親王が息づき、日本中世古記録への関心に支えられての日々だったろうこと疑いないと思われるが、写真に映し出された複雑な表情から察するに、私の伺い知れない葛藤があったにちがいない。荷の紐を解いた座卓の板の裏にこう揮毫した。

山里を人こさせしと　思はねと
とはるゝこと乃　疎くなりゆく
異本山家集
（『山家集』では、とはるゝことぞ）

六月、はじめての客人は、野田正彰と太郎次郎社編集者の二人づれ。放し飼いの鶏の卵の卵かけご飯とみそ汁でもてなす。

十月、この文化に遠い地にあって、どのように精神の自由を持ちうるか、話し合えど結論は得られず。

十月、明治書院より「図書寮叢刊『看聞日記』」の刊行が始まり、ほぼ二年おきに刊行される全七巻を順次購入していった。

十一月、講談社学術文庫『室町時代の一皇族の生涯―『看聞日記』の世界』刊。旧版の原題は『看聞御記―「王者」と「衆庶」のはざまにて』、そしえて刊、一九七九年。

十二月、影里庵ではじめての師走を迎える。

〈京やいかに雪の降り積む峯もあり〉

〈川ありてつひに渡れぬ枯野かな〉

二〇〇三（平成十五）年　六十八歳
この頃から、岡山シンフォニーホールで定期的に催される古書市、岡山大学図書館、岡山県立図書館、丸善書店、紀伊國屋書店、倉敷の長山書店、夢や（いずれも古書店）に足しげく通う。

二月、『都市と職能民の活動』、中央公論新社刊。共著者・網野善彦。

二月二十三日、編集装丁家・田村義也死去（七十九歳）。

二〇〇四（平成十六）年　六十九歳
二月六日、松田修死去（七十七歳）。

二月二十七日、網野善彦死去（八十六歳）。

三月二日、東京新聞に網野氏追悼文を寄す。

八月、高梁中央病院にて前立腺がん見つかる。

九月、倉敷の川崎医科大学病院泌尿器科、放射線科での治療開始。病院への六十キロの道は車で通院した。途中、ピンポイント照射のための四日間の入院（二〇〇五年一月）をはさんで、〇五年二月で一旦治療終了。

九月十二日、黒猫ミミ死去（十六歳）。

二〇〇五（平成十七）年　七十歳
六月七日、三毛猫チャコ死去（二十三歳）。

十一月下旬、群書類従本『看聞御記』上巻の訓読終える。一段落の模様。

二〇〇六（平成十八）年　七十一歳

二月、川向こうの施設で生まれてまもない犬と会い、白い一匹をもらい受けることにした。当時評判だったテリー・ケイ原作『白い犬とワルツを』にちなんで、ワルツと名づけた。

四月三日、わが家の一員となった。

五月二十二日、腸閉塞で高梁中央病院へ入院六月一日退院。

六月十二日、師岡佑行那覇で死去（七十七歳）。

八月二十六・二十七日、二人で内子座文楽へ行く。途中大夕立による停電中も、舞台上の白狐は演じられつづけていたのが印象的。

九月四日、阿部謹也死去（七十一歳）。

十一月十八日、「看聞日記訓読終了」とある。群書類従本下巻を読了ということか。

二〇〇七（平成十九）年　七十二歳

七月、自らの「室町時代記録語」試案を六人の中世史家に送る。

十一月、講談社学術文庫『中世民衆の生活文化』（上）刊。

十二月、同右（中）刊。

二〇〇八（平成二十）年　七十三歳

一月、同右（下）刊。

以上（上）（中）（下）は、『中世民衆の生活文化』（東京大学出版会刊、一九七五年）を文庫化にあたり三分冊にしたものである。

三月二十三日、大学以来の友前島不二雄死去（七十六歳）。訃報に接して、

〈黄泉《よみ》に遊ぶ友も見入るや寒椿〉

（二〇〇九年作）

二〇〇九（平成二十一）年　七十四歳

四月、高梁中央病院にて右腎臓にがん見つかる。岡山大学病院で手術することになった。

五月、手術前の息ぬきに、広島のマツダスタジアムで初のプロ野球観戦。カープ9対2でヤ

クルトに勝つ。
〈コイ勝てりと手拍ち笑ふも二人きり〉

五月十八日、岡山大学病院に入院、翌日予定していた内視鏡による手術ができず、急拠開腹手術に。二十九日退院。
〈玄鳥の飛び交ふ里に還りけり〉

六月、出席できなかった富山大学人文学部文化構造論講座の同窓会へ送る写真を高梁河原で撮る。ワルツ同行。自宅ベランダで「声の挨拶」録音。にぎやかな鳥たちの声も入っていた。

七月、祇園祭。
〈先立ちし友寄り合ふや鉾巡り〉

九月八日、天龍寺塔頭金剛院加藤正俊死去（七十九歳）。師円寂の報に接して、
〈またひとり友逝きし日の彼岸花〉

九月、両国国技館で大相撲九月場所を初見物。

十一月、葛飾区柴又近くで保護し娘がつれ帰っていた黒猫を、泰子が千葉から運ぶ（サラ）。額に月形半平太の刀傷のような茶色の模様がある。

十二月、犬小屋の冬仕度も年末恒例となり、
〈犬小屋も冬構へなり藁衾《わらぶすま》〉

二〇一〇（平成二十二）年　七十五歳

二月、岡山大学病院受診、膀胱炎ならんという。ふと、心に浮かぶ感慨。
〈賑はふや山のあなたの京が春〉

七月、耕耘機「ポチ」号を農協で購入し、以後家庭菜園耕作の仕事を主担する。

七月十日、つかこうへい自死（六十二歳）。遺書全文を見て感動す、と日記にあり。

十二月、「室町記録語備要」一旦了、刷り出す。

二〇一一（平成二十三）年　七十六歳

二月三日、泰子くも膜下出血で倒れ、救急搬送、

倉敷中央病院で手術。三月三日退院。

〈いのち一つ摑み戻りし妻が指〉

三月十一日、東日本大震災起こる。

四月一日より、総社市の予約制福祉乗合バス「雪舟くん」が走行開始。タイムリーだった。

九月、富山大学文化構造論講座の同窓会、台風接近のさなかに倉敷で行なわれた。多くの卒業生が、倉敷に集まってくれ、翌日、うちの元・女子学生二人といっしょに高梁松山城に登った。

十月、『満済准后日記』訓読終了す。

十月十一日、腸閉塞で高梁中央病院に入院し二十四日退院。

十月、倉敷中央病院の強いすすめもあり、泰子車の運転を断念する。公共交通機関の乏しい田舎での生活は一変、移住時に想像もしていなかった。

十一月、電動自転車購入。

十一月十七日、花園大学での教え子で「洛東トマト合戦」文中にも登場する、高知の長野陽吉（俳号・光葉）の訃報が届く。八月十二日死去す、と。

二〇〇九年の賀状にありし秀句に触れて応えた句（二〇〇九年作）、

〈初春に師と仰ぎたき貴兄哉〉

二〇一二（平成二十四）年　七十七歳

十一月、講談社学術文庫『新井白石「読史余論」現代語訳』刊。底本は、「日本の名著15『新井白石』」中央公論社刊、一九六九年。

二〇一三（平成二十五）年　七十八歳

三月十日、山口昌男死去（八十一歳）。

三月、富山在住の鈴木孝志夫妻、夫人の実家山口への途次来宅、歓談。

七月、赤穂にてスーパー歌舞伎・能興行あり、梅原猛より招待されて観賞。

二〇一四（平成二十六）年　七十九歳

一月より、『建内記』に取り組む。

三月二十四日、隣家の泰子実兄死去（八十三歳）。李《すもも》を殊に好んだので、

〈李花一枝になひて行きやれ旅の人〉

七月、十一枚の版画から成る草野権和作品の額完成す。詩は木山捷平作「めくらとちんば」。昨年九月に到来していた。

二〇一五（平成二十七）年　八十歳

心身の不調から、しばしば神経性下痢に見舞われる。

八月、泰子まむし咬傷で高梁中央病院に入院、十二日ぶりに九月八日退院。

九月十九日、午前二時に安保関連法案成立。

十月、白内障手術（総社ふじかわ医院で）。

十一月、左中指瘭疽《ひょうそ》にかかり痛みはげしく、病院を転々とし治癒に三週間程を要した。

二〇一六（平成二十八）年　八十一歳

心身の不調つづく。岡山大学病院受診。以後、岡大病院から高梁中央病院へ出張する医師のもとで、泌尿器科の治療が始まる。

七月、津久井やまゆり園事件起こる。

〈胸を衝き風吹き抜けり相模原〉

八月、犬との散歩が再開できた。畑の風景。

〈たそがれておわら《藁》ひぐさなる兵馬俑〉

十一月、めまいで高梁中央病院受診。良性発作性頭位めまい症。ただし、治療の必要はなし。

十二月、猫サラ、乳がんで入院手術。二十六日に帰って来た。

＊

特に泌尿器の治療の継続で、健康に対する不安は、しだいに大きくなっていた。この地へ来て以来、何人もの地元老人たちが亡くなり、

葬儀にも列席し、役もつとめてきた。その経験をふまえて、他所者《エイリアン》の自分たちの場合はどうするか話し合い、葬儀・告別式はせず墓も持たない、遺体は献体して医学の研究に役立てようと結論した。

二〇一七（平成二十九）年　八十二歳

二月二日、サラ死去（年齢不詳）、

　〈猫《サラ》逝きぬ冬の終りの夕まぐれ〉

二月、旬日をあけず、川向こうのネコハウスより猫引き取る。一六年六月生まれの蘭丸《らんまる》。

　〈仔猫蘭丸本能寺の変も知らん顔〉

五月、スズキセニアカー購入。イチロー号。ゴミ出し、買物、郵便物投函等に重宝する。

五月、元・東京大学出版会編集者（『中世民衆の生活文化』を手がけた）、渡邊勲来宅、歓談。

六月二十一日、総社の荒木家菩提寺天仲院《てんちゅういん》に永代供養を申し込み、共同供養墓に母横井菊枝の納骨をする。

九月、『三十七人の著者　自著を語る』、（渡邊勲編、知泉書館刊）の最終稿を送る。

十二月、血尿・発熱・痛み等の症状あり、高梁中央病院に入院。両側性精巣炎。二十九日の退院までに自己導尿実施方法の指導を受け、帰宅後は自宅で実行する。

二〇一八（平成三十）年　八十三歳

四月、『三十七人の著者　自著を語る』知泉書館刊、届く。

七月七日、西日本豪雨。目の先五十米くらいまで洪水が迫るも、家は間一髪で無事であった。

八月、一旦導尿休止の許可が出る。十七日から束の間の安穏が得られた。

十月、ケータイを買い替える。

十月、得意の大工の腕を振るい、一か月がかりで小ぶりの犬小屋を完成した（現在使用中）。

十一月、最後の古書市。昼、おいしいカレーを二人で食べた。

十二月、自己導尿再開（七日から）。

二〇一九（平成三十一）年

一月十二日、梅原猛死去（九十三歳）。十五日に知り、朝食のあいだ梅原の思い出話を聞く。自らの東京大学出版会の本への感想、また、そしえて刊の『看聞御記』を受け取ったときの文学的感動を受くとの評言など、思い出すままに。

＊

背面の違和感から始まった高梁中央病院内科での検査、岡山大学病院への受診・検査が相次ぎ、痛みに耐える三か月を送った。高梁の内科医師から聞かされていた「余命」のことは、余りのことでよう伝えられなかった。

三月十七日、書斎で机に向かった最後。『康富記』の読み下しに取り組み、そのコピーのとじは、文安四年十一月で終わっていた。

三月二十六日、この日は通院予約日だった。このまま家で過ごせないかなあとつぶやいたが、きつい痛みと当地の在宅医療体制を考えて岡山大学病院に救急搬送し、そのまま入院して痛み止めの治療を受ける。四月四日には高梁中央病院より受け入れるとの連絡を受け、次は城下町で会おう！　と子にメール。八日の転院を楽しみにしていたが果たせず。

四月七日、早朝に看護師より会いたい人はと聞かれ、「林屋先生と梅原さん」と答えたよし連絡あり、いずれも故人であると伝えた。泰子が病室に着いたときはかなりもうろうとしており、最後に聞いた言葉は「鳥が飛んでいる……」というもの。高梁には転院できず、午後四時二十一分永眠。

四月八日、岡山大学医学部人体構成学分野へ献体。

地元に帰り、かねてからの本人の遺志により、葬儀・告別式はしないことを伝え、すんなりと受け入れられた。

＊

その後の影里庵や蔵書類・膨大な映像資料等は、翌二〇二〇年十一月から総社シルバー人材センター空き家管理部と地元のMさんに管理を委ねた上で、私自身は、コロナの間を縫うようにして、犬猫連れで千葉に移住してきて現在に至っている。

なお、岡山大学病院当該分野からの遺骨引取りについての案内は、今年五月になってから届いたが、遺骨との対面はいまだ叶っていない。

二〇二一年六月、作成・横井泰子

山口昌男氏による横井清像　1986

〈ノアコレクション・10〉
都忘《みやこわす》れの京語《きょうがた》り
二〇二一年九月九日発行
著　者　横井　清
発行者　涸沢純平
発行所　株式会社編集工房ノア
〒五三一―〇〇七一
大阪市北区中津三―一七―五
電話〇六（六三七三）三六四一
FAX〇六（六三七三）三六四二
振替〇〇九四〇―七―三〇六四五七
組版　株式会社四国写研
印刷製本　亜細亜印刷株式会社

ISBN978-4-89271-348-4

表示は本体価格

スカトロジア 糞尿譚 山田稔

〈ノアコレクション・7〉古今東西の文学の中の糞尿趣味を、自在に汲み取る。軽妙、反逆。時代の壁をつき破る書。名著復刊。富士正晴挿画。一八〇〇円

天野忠随筆選 山田稔選

〈ノアコレクション・8〉「なんでもないこと」にひそむ人生の滋味を平明な言葉で表現し、読む者に感銘をあたえる、老いとユーモア。二二〇〇円

特別な一日 読書漫録 山田稔

〈ノアコレクション・9〉書物から人生へ、人生から書物へと、きままに往き来する、そのときどきに蘇る人の姿、街のたたずまい…。二〇〇〇円

北園町九十三番地 山田稔

天野忠さんのこと――エスプリにみちたユーモア。ユーモアにくるまれた辛辣さ。巧みの詩人、天野忠の世界を、散歩の距離で描き絶妙。一九〇〇円

春の帽子 天野忠

車椅子生活がもう四年越しになる。穏やかな眼で、老いの静かな時の流れを見る。想い、ことば、神経が一体となった生前最後の随筆集。二〇〇〇円

草のそよぎ 天野忠

未発表遺稿集。「時間という草のそよぎに頬《ほ》っぺたを吹かれているような老年」小さなつぶやきに大きな問いが息づいている（東京新聞評）。二〇〇〇円

碧眼の人　富士正晴

未刊行小説集。ざらざらしたもの、ごつごつしたもの、事実調べ、雑談形式といった、独自の融通無碍の境地から生まれた作品群。九篇。　二四二七円

軽みの死者　富士正晴

吉川幸次郎、久坂葉子の母、柴野方彦、大山定一、竹内好、高安国世、橋本峰雄他、有縁の人々の死を描く、生死を超えた実存の世界。　一六〇〇円

象の消えた動物園　鶴見俊輔

私の目標は、平和をめざして、もうろくするということです。もっとひろく、しなやかに、多元に開く。2005〜2011最新時代批評集成。　二五〇〇円

再読　鶴見俊輔

〔ノア叢書13〕零歳から自分を悪人だと思っていたことが読書の原動力だった、という著者の読書による形成。『カラマーゾフの兄弟』他。　一八二五円

窓開けて　杉山平一

日常の中の詩と美の根元を、さまざまに解き明かす。明快で平易、刺激的な考え方や見方がいっぱい詰まっている。詩人自身の生き方の筋道。　二〇〇〇円

三好達治風景と音楽　杉山平一

〔大阪文学叢書2〕詩誌「四季」での出会いから、自身の中に三好詩をかかえる詩人の、詩とは何か、哀惜の三好達治論。　一八二五円

石の星座　足立　巻一

神の降臨する石、風土記の大石、渡来石工伊行末一族の行方、若冲の五百羅漢、石の村、俳諧者・画家の墓など原初としての石を語る。　一八〇〇円

木村庄助日誌　木村重信編

太宰治『パンドラの匣』の底本　特異な健康道場における結核の療養日誌だが、創作と脚色のある自伝風小説。濃密な思いの詳細な描写。　三〇〇〇円

火用心　杉本秀太郎

〔**ノア叢書15**〕近くは佐藤春夫の『退屈読本』遠くは兼好法師の『徒然草』、ここに夜まわり『火用心』、文芸と日常の情理を尽くす随筆集。　二〇〇〇円

戦後京都の詩人たち　河野　仁昭

『コルボオ詩話会』『骨』『RAVINE』『ノッポとチビ』へ重なり受けつがれた詩流。京都の詩誌、詩と詩人を精緻に書き留める定本。　二〇〇〇円

リプラールの春　玉置　保巳

夫婦でドイツ留学した語学教師のドイツ・ヨーロッパ紀行と、京都の丘の上の家で犬のロクをまじえた静かな夫婦の物語。抑制された抒情。　二二〇〇円

茶碗の中　川浪　春香

光琳と乾山　天才光琳の大胆華麗、地道に努力を重ねる乾山の情趣。対照的な兄弟の感性と技法を、鮮やか艶やかに織りなす琳派小説。　一九〇〇円